新能源汽车专业职业教育创新教材

新能源汽车动力电池结构与检修

主　编　蒋鸣雷

副主编　赵群芳　徐跃进　曾有为　万　杰

机 械 工 业 出 版 社

本书以新能源汽车对动力电池的性能要求为出发点，介绍了几种类型动力电池的工作原理及应用特点，重点介绍了目前主流动力电池——锂离子电池的具体应用及其结构，阐述了其电池管理系统的功能，讲解了市面上几款主流车型的动力电池的性能参数、维护保养及故障检修知识。

本书内容贴近当前行业发展，与企业岗位需求紧密结合，内容丰富，实用性强，既可作为职业院校新能源汽车相关专业的教材，也可作为新能源汽车领域工程技术人员的参考用书。

图书在版编目（CIP）数据

新能源汽车动力电池结构与检修/蒋鸣雷主编 . —北京：机械工业出版社，2018.9
（2025.1 重印）
新能源汽车专业职业教育"十三五"规划创新教材
ISBN 978-7-111-60942-1

Ⅰ.①新…　Ⅱ.①蒋…　Ⅲ.①新能源－汽车－蓄电池－高等职业教育－教材
Ⅳ.①U469.703

中国版本图书馆 CIP 数据核字（2018）第 216409 号

机械工业出版社（北京市百万庄大街 22 号　邮政编码 100037）
策划编辑：杜凡如　责任编辑：杜凡如　丁　锋
责任校对：佟瑞鑫　封面设计：王九岭
责任印制：郜　敏
中煤（北京）印务有限公司印刷
2025 年 1 月第 1 版第 19 次印刷
184mm×260mm · 11.25 印张 · 268 千字
标准书号：ISBN 978-7-111-60942-1
定价：35.00 元

电话服务　　　　　　　　　　网络服务
客服电话：010-88361066　　机 工 官 网：www.cmpbook.com
　　　　　010-88379833　　机 工 官 博：weibo.com/cmp1952
　　　　　010-68326294　　金 书 网：www.golden-book.com
封底无防伪标均为盗版　　　机工教育服务网：www.cmpedu.com

新能源汽车专业职业教育创新教材

专家委员会

新能源汽车专业职业教育创新教材

编委会

特 别 鸣 谢

  新能源汽车技术对于职业教育来说是个全新的领域，北京新能源汽车股份有限公司一直十分关注我国职业教育的发展，充分体现了国有企业的社会责任。目前，职业教育新能源汽车专业教材相对较少，为响应国家培养大国工匠的号召，北京新能源汽车股份有限公司组织编写了职业教育新能源汽车专业系列教材，并由北京汇智慧众汽车技术研究院负责开发了课程体系。在编写过程中，北京新能源汽车股份有限公司提供了大量的技术资料，给予了专业技术指导，保证了本书成为专业针对性强、适用读者群体范围广的职业教育新能源汽车专业的实用教材，尤其是王忠雷、窦银忠、陈圣景、张国敏、李春洪等提出了大量的意见和建议。在此，对北京新能源汽车股份有限公司及北京汇智慧众汽车技术研究院在本书编写过程中给予的所有支持和帮助表示由衷的感谢！

机械工业出版社

前　　言

由于石油资源的日益减少及燃油汽车对环境的严重污染，加强新能源汽车技术的研究成为整个汽车行业的共同目标，目前世界各国均纷纷加大了对新能源汽车的研究力度，我国也在 2012 年制定了《节能与新能源汽车产业发展规划（2012—2020 年）》，并在 2015 年确定了新能源汽车十年发展路线图。在上述规划中，新能源汽车成为我国汽车工业转型的战略目标，明确了新能源汽车，尤其是纯电动汽车作为我国"弯道超车"，赶超发达国家汽车行业的主要发展方向。

目前在政府的各类政策推动下，我国新能源汽车产业发展迅速，在新能源汽车，特别是纯电动汽车的三大关键技术，即动力电池、驱动电机、动力系统集成与控制等方面取得了快速发展和突破，相关基础设施与服务也不断完善，颇受世界关注。但总体来看，新能源汽车仍然存在诸多技术瓶颈，特别是动力电池技术，动力电池作为整车的动力之源，其性能指标是决定电动汽车动力性能的根本因素，直接影响电动汽车的续驶里程，甚至影响整车质量及成本，它是电动汽车能否实现大规模产业化的关键因素。

本书以新能源汽车对动力电池的性能要求为出发点，介绍了几种类型动力电池的工作原理及应用特点，重点介绍了目前主流动力电池——锂离子电池的具体应用及其结构，阐述了其电池管理系统的功能，讲解了市面上几款主流车型的动力电池的性能参数、维护保养及故障检修知识。全书分为 6 章，第 1 章主要介绍了新能源汽车与传统内燃机汽车的动力区别，回顾了新能源汽车和动力电池的发展历史，阐述了电池的性能参数及新能源汽车对动力电池的性能要求，探讨了动力电池的未来发展趋势；第 2 章介绍了常用的铅酸动力电池、镍氢动力电池、锂离子动力电池以及其他动力电池的结构、工作原理，以及在新能源汽车中的应用特点；第 3 章介绍了目前在新能源汽车应用最普遍的锂离子动力电池的成组技术，以及几种典型电动汽车动力电池的性能参数及特点；第 4 章介绍了动力电池管理系统的功能以及电量管理、均衡管理、安全管理、热管理、通信管理等系统的工作原理，阐述了动力电池工作中电压、绝缘及温度检测的方法，分析了动力电池的工作及充电模式；第 5 章介绍了动力电池的日常保养维护内容、拆装方法、故障类型及常见故障的处理方法，并通过几款常见车型的典型故障案例介绍了其故障处理流程；第 6 章介绍了动力电池性能的测试方法及测试设备，介绍了动力电池上位机检测软件的使用方法及使用流程。为适应职业学院的教学需求，本书还设计了实训内容，方便有条件的学校开展相应的实践教学训练。

　　本书由北京信息职业技术学院蒋鸣雷任主编，由贵州轻工职业技术学院赵群芳、重庆电子工程职业学院徐跃进、重庆五一高级技工学校曾有为、万杰任副主编，参加编写的还有郑士振（北京信息职业技术学院）、李旺、罗丽君、李嘉、王梦玲、李强、曹丽娜、李奕、周少璇。在本书编写过程中，得到了北京汇智慧众汽车技术研究院的大力支持，北京汇智慧众汽车技术研究院为本书提供了大量的技术资料和故障诊断案例，在此表示感谢。本书内容贴近当前行业发展，与企业岗位需求紧密结合，内容丰富，实用性强，既可作为高等职业院校的教材，也可作为新能源汽车领域工程技术人员的参考用书。

目 录

X

XI

第1章 ▶▶▶▶▶

新能源汽车对动力电池的性能要求

学习目标：

- 掌握新能源汽车与传统内燃机汽车的动力来源和系统组成的区别。
- 了解新能源汽车和动力电池的发展历史。
- 能分析阐述新能源汽车对动力电池的性能要求。

由于石油资源的日益减少和对环境的严重污染，世界各国近些年来都开始关注新能源汽车的发展。我国也在 2012 年制定了《节能与新能源汽车产业发展规划（2012—2020 年)》，并在 2015 年确定了新能源汽车十年发展路线图。在上述规划中，明确了将新能源汽车，尤其是纯电动汽车作为我国"弯道超车"赶超发达国家汽车行业的主要发展方向。电动汽车的核心动力来源于动力电池，动力电池的性能指标是决定电动汽车动力性能的根本因素。

1.1 新能源汽车与传统内燃机汽车的动力区别

1.1.1 新能源汽车的定义和分类

根据国家《节能与新能源汽车产业发展规划（2012—2020)》中给新能源汽车下的定义：

新能源汽车是指采用新型动力系统，完全或主要依靠新型能源驱动的汽车，新能源汽车主要包括纯电动汽车、混合动力汽车及燃料电池汽车等。

1. 纯电动汽车

纯电动汽车是一种采用单一电池作为储能动力源的汽车，它利用电池作为储能动力源，通过电池向电机提供电能，驱动电机运转，从而推动汽车行驶。

2. 混合动力汽车

混合动力汽车是指驱动系统由两个或多个能同时运转的单个驱动系统联合组成的车辆，车辆的行驶功率依据实际的车辆行驶状态由单个驱动系统单独或多个驱动系统共同提供。因各个组成部件、布置方式和控制策略的不同，混合动力汽车有串联、并联和混联等多种形式。

3. 燃料电池汽车

燃料电池汽车是利用氢气和空气中的氧在催化剂的作用下，发生电化学反应产生的电能作为主要动力源驱动的汽车。燃料电池汽车实质上是纯电动汽车的一种，主要区别在于燃料电池只能产生电能，而不能储存电能。

1.1.2 传统内燃机汽车的动力来源

传统内燃机汽车一般由发动机、底盘、车身和电气设备四部分组成。

发动机一般由两大机构四大系统或五大系统构成。这两大机构是曲柄连杆机构和配气机构；五大系统为燃料供给系统、冷却系统、润滑系统、起动系统、点火系统（柴油机没有点火系统）。

底盘的作用是支承、安装汽车发动机及其各部件、总成，形成汽车的整体造型，并接受发动机的动力，使汽车产生运动，保证正常行驶。底盘一般由传动系统、行驶系统、转向系统和制动系统四部分组成。

车身安装在底盘的车架上，用以驾驶人、旅客乘坐或装载货物。轿车、客车的车身一般整体结构，货车车身一般由驾驶室和货箱两部分组成。

电气设备由电源和用电设备两大部分组成。电源包括蓄电池和发电机，用电设备包括发动机的起动系统、汽油机的点火系统、灯光照明和其他用电装置。

传统内燃机汽车的动力来源于汽油或柴油与空气混合后燃烧产生的能量。汽油或柴油与空气的混合气燃烧后，燃气的压力作用于发动机气缸内的活塞顶部，推动活塞做往复的直线运动，活塞通过连杆带动曲轴转动，发动机曲轴末端飞轮转动的动力再经过离合器和变速器，由变速器变矩、变速后，经传动轴把动力传递到主减速器上，最后通过差速器和半轴把动力传递到驱动轮上。图 1-1 所示为传统内燃机汽车的动力传递示意图。

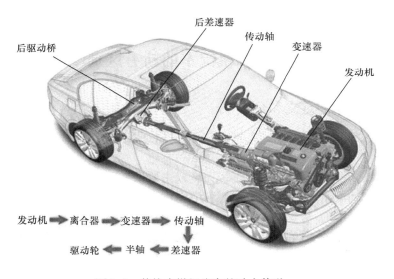

图 1-1　传统内燃机汽车的动力传递

1.1.3　电动汽车与传统内燃机汽车动力来源的区别

目前人们所说的电动汽车多指纯电动汽车，即是一种采用电池作为唯一动力源的汽车。它利用电池作为储能动力源，通过电池向电机提供电能，驱动电机运转，从而带动汽车前进或后退。

电动汽车的结构主要由电力驱动控制系统（即电动汽车的动力系统）、汽车底盘、车身以及各种电器装置等部分组成。从外形结构上看，电动汽车与日常见到的内燃机汽车没有区别，区别主要在于动力源及驱动系统，即纯电动汽车的电机相当于传统汽车的发动机，电池相当于油箱，功能等同于传统汽车中的燃料、发动机与变速器组成的动力系统。除了电力驱动控制系统外，其他部分的功能及其结构组成基本与传统汽车相同，不过有些部件根据所选的驱动方式不同，已被简化或省去了。所以电力驱动控制系统决定了整个纯电动汽车的结构组成及其性能特征，也是纯电动汽车的核心，这也是纯电动汽车区别于传统内燃机汽车的最大不同点。

该类纯电动汽车使用铅酸电池、镍镉电池、镍氢电池或锂离子电池等可充电动力电池作为唯一能量源为车辆运转提供动力。纯电动汽车的工作原理如图1-2所示，动力电池提供电能，通过DC－AC变换器驱动电动机转动，电动机将电池的电能转化为机械能，通过传动装置或直接驱动车轮转动。该类汽车对电池的性能要求很高，为保证汽车加速性能、爬坡度和较高的行驶里程，所选用的动力电池应该能提供足够大的存储容量、较高的比能量和比功率。由于目前的技术瓶颈，现

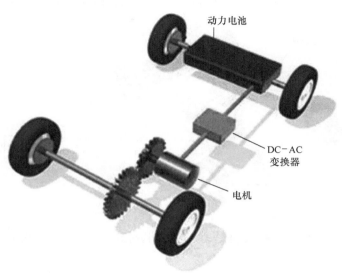

图1-2　纯电动汽车的工作原理

在乘用车普遍使用的动力电池是磷酸铁锂电池和三元锂电池，存在价格高、寿命短、外形尺寸和重量大、充电时间长、能量密度需要提升等缺点。

1.1.4　混合动力汽车与传统内燃机汽车动力来源的区别

混合动力汽车兼具了传统内燃机汽车和电动汽车的两类动力源，是指车辆驱动系统由两个或多个能同时运转的单个驱动系统联合组成的车辆，车辆的行驶功率依据实际的车辆行驶状态由单个驱动系统单独或共同提供。通常所说的混合动力汽车，一般是指油电混合动力汽车（Hybrid Electric Vehicle，HEV），即采用传统的内燃机（柴油机或汽油机）和电机作为动力源。

根据混合动力驱动的连接方式，一般把混合动力汽车分为三类：

① 串联式混合动力汽车由动力电池、DC－AC转换器、电机、发电机、发动机组成，其结构简图如图1-3所示。在此系统中，动力电池和发动机通过发电机发出的电能都通过DC－AC变换器输送给电机，由电机驱动汽车行走，其动力传递路线如图1-4所示。

该系统总体结构比较简单，易于控制，只有电机的电力驱动系统，其特点更加趋近于纯电动汽车，但在发动机—发电机—电机驱动系统中的热能—电能—机械能的能量转换过程中，能量损失较大。一般常用于大型混合动力客车上。

串联式混合动力驱动电机运转的电量主要来源于发动机的工作，所以对其动力电池的性能要求并不高。

② 并联式混合动力汽车的结构简图如图1-5所示。其中发动机和电机都是动力总成，

两大动力总成的功率可以相互叠加输出，也可以单独输出。发动机和电机通过不同的离合器来驱动车轮，可以采用发动机单独驱动、电机单独驱动，或者发动机和电机混合共同驱动三种工作模式，其动力传递线路如图 1-6 所示。此外当发动机提供的功率大于车辆所需驱动功率或者车辆制动时，电机变成发电机，给动力电池充电。

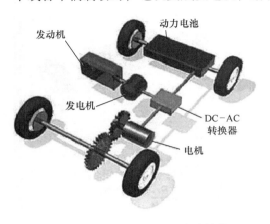

图 1-3　串联式混合动力汽车结构简图

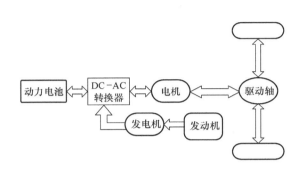

图 1-4　串联式混合动力汽车动力传递线路

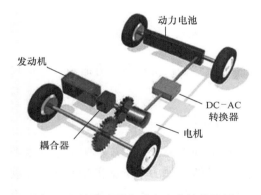

图 1-5　并联式混合动力汽车结构简图

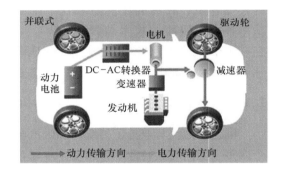

图 1-6　并联式混合动力汽车动力传递线路

并联式与串联式相比，无须另外配置发电机，与串联式相同的是都对动力电池的性能要求不高，电池成本低。

③ 混联式混合动力汽车是综合了串联式和并联式的结构而组成的电动汽车，主要由发动机、电动机/发电机和驱动电机三大动力总成组成。

混联式混合动力汽车动力传递线路如图 1-7 所示，发动机发出的功率一部分通过机械传动输送给驱动桥，另一部分则驱动发电机发电。发电机发出的电能输送给驱动电机或动力电池，驱动电机产生的驱动力矩通过动力复合装置传送给驱动桥。混联式的电机和发动机配合更加默契，能够适应的工况更多，节油效果更加出色。相对于串联式和并联式来说，混联式对动力电池的性能要求较高。

综上所述，三种混合动力汽车运转的主要能量还是来源于燃烧汽油或柴油的发动机，对动力电池存储的电量要求不高。

4

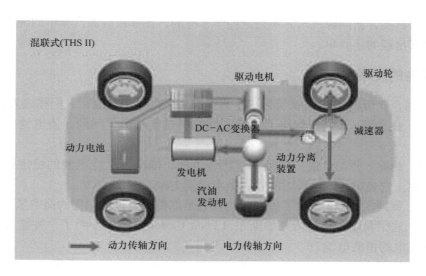

图 1-7　混联式混合动力汽车动力传递线路

1.1.5　燃料电池汽车与传统内燃机汽车动力来源的区别

　　燃料电池汽车是纯电动汽车的一种，其电力驱动系统是相同的，只是电池系统与其他纯电动汽车的电池系统不同，一般电动汽车电池的活性物质储存在电池内部，而燃料电池工作是燃料和氧化剂由外部源源不断地供入电池内部，在电池内部正负极催化剂的辅助下发生电化学反应，生成电能，然后输出驱动电机转动。因此燃料电池汽车的动力系统结构形式与其他纯电动汽车是完全相同的，图 1-8 所示是燃料电池汽车的工作原理。

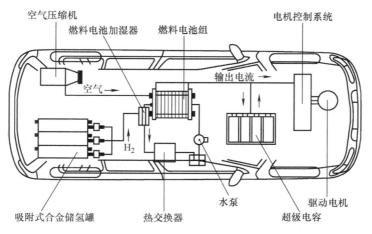

图 1-8　燃料电池汽车的工作原理

1.2　新能源汽车和动力电池的发展趋势

　　动力电池是电动车辆的主要能量来源，其技术历经了多次材料体系的变迁，每一次电池材料体系的变化都极大促进了汽车技术的发展变化。很多人都以为新能源汽车是近几年才出现的新事物，其实，新能源汽车并不是近些年才有的，比如新能源汽车中的纯电动汽车比传统内燃机汽车出现的还要早。

1.2.1　电池的发明

19 世纪初，亚历山德罗·伏特制成了人类历史上最早的电池，人们称之为伏特电池。

1830 年，威廉姆·斯特金解决了伏特电池的弱电流和极化问题，使电池的使用寿命大大延长。

1836 年，约翰·丹尼尔进一步改进了伏特电池，提高了伏特电池的稳定性，后人称之为丹尼尔电池。它是第一个可长时间持续供电的蓄电池。

1839 年，英国人 Grove 发明了燃料电池，它是以铂为电极催化剂的简单氢氧燃料电池。

1859 年，法国科学家普兰特·加斯东（Plant Gaston）最早发明了一种能够产生较大电流的可重复充电的铅酸电池。

1860 年，法国人雷克兰士发明了世界上广泛使用的碳锌电池的前身。

1887 年，英国人赫勒森发明了最早的干电池。

1899 年，瑞典人 Waldmar Jungner 发明了镍镉电池（Ni – Cd）。

1901 年，爱迪生发明了镍铁电池（Ni – Fe）。

1984 年，荷兰的飞利浦（Philips）公司成功研制出 LaNi5 储氢合金，并制备出镍氢电池（Ni – MH）。

1991 年，可充电的锂离子电池问世，实验室制成的第一个 18650 型锂离子电池容量仅为 600mA·h。

1992 年，日本索尼公司开始大规模生产民用锂离子电池。

1995 年，日本索尼公司首先研制出 100A·h 锂离子动力电池，并在电动汽车上应用，展示了锂离子电池作为电动汽车用动力电池的优越性能，引起了广泛关注。

2000 年以后，我国锂离子电池开始了商业化生产，随着我国新能源汽车产业的发展，截至 2017 年，中国电动汽车市场实现锂离子电池装车总量 33.55GW·h，具备规模生产锂离子电池的厂家已多达 300 多家。

1.2.2　电动机的发明

1821 年，英国人迈克尔·法拉第（Michael Faraday）发明电动机实验室模型，只要有电流通过线路，线路就会绕着一块永久磁铁不停地转动，这就是电动机的雏形。

1827 年，匈牙利物理学家安幼思·杰德利克（Ányos Jedlik）开始尝试用电磁线圈进行实验。杰德利克解决一些技术问题后，称他的设备为"电磁自转机"。虽然只用于教学目的，但第一款杰德利克的设备已包含直流电动机的三个主要组成部分：定子、转子和换向器。

1831 年，美国人约瑟夫·亨利改进了法拉第电动机，使用电磁铁代替永久磁铁，提高了输出功率，从而向实用电动机发展跨出了重要一步。

1834 年，德国人莫里茨·赫尔曼·雅可比对亨利电动机做出了重要革新，他把水平的电磁铁改为转动的电枢，并加装了换向器，制成了第一个电动机样机。1838 年，他制造出世界上第一台实用直流电动机，安装在船上，并试航成功。从此，电动机就完成了从实验室模型到实用电动机的转化。

1835 年，美国一位铁匠托马斯·达文波特（Thomas Davenport）制作出世界上第一台能驱动小电车的电动机，并在 1837 年申请了专利。

1888 年，美国著名发明家尼古拉·特斯拉应用法拉第的电磁感应原理，发明交流电动机，即感应电动机。

1902 年，瑞典工程师丹尼尔森利用特斯拉感应电动机的旋转磁场观念，发明了同步电动机。

电动机的发明使电驱动车辆成为可能，为电动汽车的发展提供了条件。

1.2.3　新能源汽车的发展历史

19 世纪 30 年代，苏格兰发明家罗伯特·安德森（Robert Anderson）成功的将电动机装在一部马车上，1842 年又与托马斯·达文波特（Thomas Davenport）合作，打造出世界上第一部以电池为动力源的电动汽车，采用不可充电的玻璃封装蓄电池，开创了电动车辆发展和应用的历史。这比卡尔·本茨和戴姆勒发明的第一辆汽油发动机汽车早了数十年。

1881 年，法国工程师古斯塔夫·特鲁夫（Gustave Trouve）装配以铅酸电池为动力的三轮车，这是世界上第一辆可充电的电动汽车；随后 1890 年，威廉姆·莫瑞逊在美国制造了一辆能行驶 13h，车速为 14mile/h$^{\ominus}$的电动汽车。1891 年，美国人亨利·莫瑞斯制成了第一辆电动四轮车，实现了从三轮向四轮的转变，这是电动车向实用化方向迈出的重要一步。

1895 年，由亨利·莫瑞斯（Henry Morris）和皮德罗·沙龙（Pedro Salom）制造的 Electrobat Ⅱ，安装了两台驱动电机，能以 20mile/h 的速度行驶 25mile；1897 年，美国费城电车公司研究制造的纽约电动出租车实现了电动车的商用化运营。

1899 年 5 月，一个名叫卡米勒·杰纳茨（Camille Jenatzy）的比利时人驾驶一辆以 44kW 双电动机为动力的后轮驱动的子弹头型电动汽车，创造了时速 68mile（110km）的记录，并且续驶里程达到了 290km。这也是世界上第一辆时速超过 100km 的汽车。

1899 年，贝克汽车公司在美国成立生产电动汽车。公司生产的电动赛车的最高车速超过 120km/h，而且是第一辆座位上装有安全带的乘用车。

1900 年，斐迪南·保时捷研制成第一辆混合动力汽车的原型车 Semper Vivus。

19 世纪末到 1920 年是电动汽车发展的一个高峰。据统计，到 1890 年，在全世界 4200 辆汽车中，有 38% 为电动汽车，40% 为蒸汽机汽车，22% 为内燃机汽车。1900 年，美国制造的汽车中，电动汽车为 15755 辆，蒸汽机汽车为 1684 辆，而汽油机汽车只有 936 辆。

然而电动汽车的黄金时代仅仅维持了 20 多年便走向衰退。1901 年，在美国得克萨斯州发现了石油，使得汽油价格下跌，大大降低了汽油车的使用成本；1908 年，福特汽车公司推出了 T 型车，并开始大批量生产，内燃机汽车的成本大幅度下降；1911 年，查尔斯·科特林（Charles Kettering）发明了内燃机自动起动技术；1912 年，电动车售价 1750 美元，而汽油车只要 650 美元，内燃机汽车应用方便、价格低廉的优点逐步显现。汽油的质量能量密度是电池的 100 倍，体积能量密度是电池的 40 倍，而且动力电池充电时间也明显长于内燃机汽车燃油的加注时间，电动汽车续驶里程短、充电时间长成为无法与内燃机汽车相抗衡的

$\ominus$　1mile = 1.609km。

致命因素。随着内燃机汽车设计和制造技术的发展，在很多地区，有轨电车和无轨电车也逐步被柴油驱动的内燃机汽车取代了。到 20 世纪 20 年代，电动汽车几乎消失了。

进入 20 世纪 70 年代，1973 年爆发的石油危机令全世界陷入石油短缺的境地中，石油资源的日益减少、大气环境的严重污染，让人们重新关注电动车。

1976 年，美国国会通过了《纯电动汽车和混合动力电动汽车的研究开发和样车试用法令》（The Electric and Hybrid Vehicle Research Development and Demonstration），拨款 1.6 亿美元资助电动汽车的开发。

1991 年，美国通用汽车公司、福特汽车公司和克莱斯勒汽车公司共同协议，成立了先进电池联合体（USABC），共同研究开发新一代电动汽车所需要的高能电池。

1992 年，福特 Ecostar 汽车使用了钙硫电池；1996 年，通用汽车公司生产了 EV1 电动轿车；1997 年，丰田的 Prius 混合动力轿车下线；1997 年，日产汽车生产了世界上第一辆使用锂离子电池的电动车 Prairie Joy EV；1999 年，本田汽车开始销售混合动力汽车 Insight；2005 年，特斯拉（Tesla）汽车公司成立，2006 年推出的 Roadster 跑车 0～60mile 只要 3.9s，每次充电可行驶 400km，随后 2012 年推出第二代产品 Model S，特斯拉也成为当前世界上商业化较成功的纯电动汽车厂家。

进入 21 世纪以来，新能源汽车产业发展出现了前所未有的机遇，世界各国均非常重视新能源汽车的产业发展，纷纷制定了推进新能源汽车发展的相关产业政策，新能源汽车产业的春天已来临，汽车进入了电气化驱动时代。

1.2.4　我国新能源汽车的发展

2000 年，我国将电动汽车列入"863"计划 12 个重大专项之一。从 2001 年开始，"863"项目共投入 20 亿元研发经费，形成了以纯电动、油电混合动力、燃料电池三条技术路线为"三纵"，以动力电池、驱动电机、动力总成控制系统三种共性技术为"三横"的电动汽车研发格局。

2004 年，在国家颁布的《汽车产业发展政策》中明确提出了鼓励发展节能环保型电动汽车与混合动力汽车技术。

2005 年，国家发改委将电动大客车列入《车辆生产企业及产品公告》，并出台了相关国家标准。

2008 年，新能源汽车在国内呈现全面出击之势。2008 年 1～12 月新能源汽车的销量增长主要是乘用车的增长，1～12 月新能源乘用车销售 899 辆，同比增长 117%，而商用新能源汽车共销售 1536 辆，1～12 月同比下滑 17%。

2009 年，科技部和财政部共同启动了"十城千辆"，并开始给予新能源汽车一次性定额补助。当年 1～11 月，新能源商用车（包括液化石油气客车、液化天然气客车、混合动力客车等）销量同比增长 178.98%，至 4034 辆。相比于在乘用车市场的冷遇，"新能源汽车"在中国商用车市场已开始迅猛增长。

2010 年，我国加大对新能源汽车的扶持力度，自 2010 年 6 月 1 日起，国家在上海、长春、深圳、杭州、合肥 5 个城市启动了私人购买新能源汽车补贴试点工作。2010 年 7 月，国家将十城千辆节能与新能源汽车示范推广试点城市由 20 个增至 25 个，选择 5 个城市对私人购买节能与新能源汽车给予补贴试点。新能源汽车进入全面政策扶持阶段。

2011 年开始进入产业化阶段,在全社会推广新能源城市客车、混合动力轿车、小型电动车。

2012 年 5 月,为了加快发展新能源汽车,新能源汽车项目每年将会获得国家给予的 10~20 亿元资金支持。

2014 年,国家发改委发布了《关于电动汽车用电价格政策有关问题的通知》。我国新能源汽车全年共生产 78499 辆,生产量同比增长近 3.5 倍,销售约 74763 辆,销售量同比增长近 3.2 倍。

2015 年,交通运输部发布的《关于加快推进新能源汽车在交通运输业推广应用的实施意见》明确提出,到 2020 年,新能源汽车在城市公交、出租汽车和城市物流配送等领域的总量达到 30 万辆。2015 年新能源汽车产量达 340471 辆,销量达 331092 辆。

2016 年 3 月,一年多的时间已有 14 家新建纯电动乘用车建设项目获得国家发改委批准。2016 年新能源汽车生产 51.7 万辆,销售 50.7 万辆。

2017 年,补贴开始缩水,双积分政策也随之落定。新能源汽车产业生态和竞争格局面临重构,加快向低碳化、电动化、智能化方向发展。

电动汽车是 21 世纪最具发展前景的产业之一,主要的社会效益包括减少汽车的有毒废气排放,特别是空气污染比较严重的城市;减少运输工具对国外石油的依赖,为国家能源需求提供战略弹性;减少二氧化碳温室气体排放,应对全球气候变化。

1.2.5　主流新能源汽车技术及未来发展解析

1. 油电混合动力技术

油电混合动力技术是目前新能源汽车过渡阶段的解决方案,其技术特点是:兼具动力性、舒适性与燃油经济性且技术成熟。

混合动力技术是指在车辆动力系统中采用两种不同动力源的一种技术,目前更侧重于燃油电力混合动力。通常降低油耗的方法包括采用小排量发动机、减少怠速运行时间、进行发动机工作点优化、采用辅助能源或者替代能源以及减少摩擦损失和回收制动能量等,辅助发动机的电机可以在起动的瞬间产生强大的动力,因此,驾驶人可以享受更强劲的起步、加速,实现较高水平的燃油经济性。

该技术的优点是:①和汽油车一样到加油站加油,不用改变汽车的使用习惯;政府和企业推广这种产品也无须投资新建充电装置或加气站;②燃油经济性能高,而且行驶性能优越。混合动力汽车的发动机要使用燃油,而且在起步、加速时,由于有电机的辅助,可以降低油耗,可关停内燃机,由电池单独驱动,实现零排放;③动力性优于同排量的内燃机汽车,特别是在起步加速时,电机可以有效地弥补内燃机低转速时转矩不足的弱点;④怠速或低速时采用电机工作,有利于减少汽车的机械噪声。

缺点是:①产品成本较高,电机和内燃机两套动力系统的成本远比一套动力系统高;②长时间高速或匀速行驶不省油。因为混合动力汽车燃油消耗上的优势主要依靠动能积蓄电能,混合动力汽车在行驶中制动减速或起步停车会相对更加节能。而如果长时间处于匀速行驶,其节能效果就会相应降低。

2. 插电式混合动力技术

普通混合动力汽车的电池容量小,仅在起/停、加/减速的时候供应/回收能量,不能外部充电，不能用纯电模式较长距离行驶。插电式混合动力汽车的电池相对比较大，可以外部充电，可以用纯电模式行驶，电池电量耗尽后再以混合动力模式（以内燃机为主）行驶，并适时向电池充电。该技术是现阶段应用前景最好的新能源汽车技术，是油电混合技术的升级版。从本质上说，插电式混合动力技术也属于油电混合技术范畴，它与油电混合技术的不同之处是将原有的油电混合技术增加了可充电功能，形成由电池和电机配合发动机向车辆输出动力的两种驱动模式，不仅降低了油耗及排放，更极大地提高了动力和操控性能，既可充电、又可加油的多种能源补充方式，实现了真正意义的双动力混合系统。相比油电混动系统，在短途中完全可实现纯电动行驶，实现零污染零排放。

目前在售代表车型有比亚迪秦、雪佛兰 Volt、宝马 X1、上汽荣威系列等。其优点为：在油电混合动力的前提下，增加插电式功能，短途中完全可实现纯电动零污染、零排放行驶。相比普通混动车型，可享受国家 3.5 万元的新能源补贴政策，部分地区最高可达 7 万元。

缺点：目前技术并不完善，充电设施少，实际使用还是以内燃机为主，同时进口车型价格昂贵，自主品牌价格有优势但品牌影响力不足。

以比亚迪秦和雪佛兰 Volt 两种车型为例，它们在实际应用中的工作模式并不相同，特别是在电池能量耗尽的情况下。比亚迪秦更多依赖燃油发动机行驶，而 Volt 发动机更多扮演的是充电增程的作用，多数情况下发动机并不参与行驶工作，而是由发动机驱动发电机发电，电能通过控制器输送到电池或电机，由电机驱动车辆。

3. 纯电动技术

纯电动汽车由新能源方案、电池续驶里程决定其发展，其技术特点是：噪声低、无污染、结构简单、转矩大、成本低，但续驶里程是难题。在售代表车型为特斯拉 Model S、比亚迪 e6、北汽 EV 系列。

优点：零排放，在行驶中无废气排出，不污染环境，比内燃机汽车的能源利用率要高，转矩性能远超燃油机，同时省去了发动机、油箱和排气系统，所以结构较简单，行驶中并没有噪声，政府补贴支持。

缺点：电池技术瓶颈，续驶里程较短，电池存在寿命短问题，充电地点稀少且充电时间较长。

新能源汽车经历了几年的纯电动热之后，当前进入一个迷茫期，纯电动的续驶里程、价格、充电时间等几座大山依旧是技术难点，令消费者很难接受现在的技术状态，长途行驶无法满足正常应用，同时燃油价格下降使消费者购买热情降低。但不可否认，各国对环境的保护政策成为众多汽车厂商发展新能源汽车的动力。

4. 氢燃料电池技术

相比续驶里程短、充电困难的纯电动汽车，燃料电池技术在汽车中的应用具有十分广阔的前景，或将成为新能源汽车的又一发展方向。氢燃料电池（图 1-9）无须燃烧即

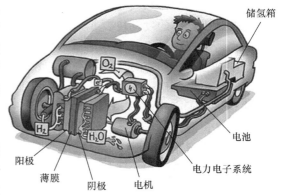

图 1-9　氢燃料电池汽车

可从氢中提取化学能源，其原理类似于电解的反向作用：通过电化学处理将两种气体合成水，并产生电流，在这个过程中，燃料电池释放出水蒸气和热量。

氢燃料电池汽车代表车型为丰田旗下首款氢燃料电池汽车 Mirai，该车已于 2014 年 12 月 15 日上市。

目前困扰业界的就是氢的提取过程并不环保，会额外产生不少二氧化碳。主要通过天然气和水蒸气来提取氢，大概每生产 1kg 氢，将产生 11.9kg 二氧化碳。而如要真正实现"零排放"，氢的获取必须采用昂贵的电解质进行水处理，一般电解质采用铂、钯为催化剂，价格昂贵，如能找到廉价的替代品，无疑将有助于燃料电池的大规模推广。

氢燃料电池汽车拥有纯电动汽车难以匹敌的续驶里程和仅数分钟的加气时间，而且动力也不比传统动力车型差，因此氢燃料电池汽车拥有广阔的未来，但想完全取代传统动力汽车仍需要大量时间。

燃料电池汽车并没有内燃机的参与，是一种全新的电动汽车，配有一个可充氢气的燃料箱，没有笨重的电池，且功率比内燃机高 3~4 倍，它解决了长期困扰电池动力汽车的两大难题：续驶里程有限和充电时间过长。最新数字显示，一箱氢气可供燃料电池汽车行驶 480km，而充满一箱氢气只需 5min，而且它和电池动力汽车一样，被归为零排放汽车。燃料电池汽车未来或可成为新能源汽车的最终发展方向。

1.2.6　动力电池的现状和未来发展趋势

1. 目前新能源汽车上使用的动力电池的类型

长期以来，电池的寿命和成本问题一直是制约电动汽车发展的技术瓶颈。通过不断的技术创新与技术改进，电池技术得到了飞速的发展。动力电池已经从传统的铅酸电池发展到镍氢、钴酸锂、锰酸锂、聚合物、三元材料、磷酸铁锂等先进的绿色动力电池。动力电池在比能量、比功率、安全性、可靠性、循环寿命、成本等方面，都取得很大的进步。表 1-1 所示为电动汽车上使用的主流动力电池的性能特点。

表 1-1　电动汽车上使用的主流动力电池的性能特点

电池类型	铅酸电池	镍镉电池	镍氢电池	锂离子电池
比能量/(W·h/kg)	35	55	60~70	150
比功率/(W/kg)	130	170	170	1000 以上
循环寿命/次	400~600	500 以上	1000 以上	1000 以上
优点	技术成熟、廉价、可靠性高	比能量较高、寿命长、耐过充放性好	比能量高、寿命长	比能量高、寿命长
缺点	比能量低、耐过充放性差	镉有毒、有记忆效应、价格较高、高温充电性差	价格高、高温充电性差	价格高，存在一定安全性问题

铅酸电池经过 100 多年的发展，技术成熟，初期采购成本比镍氢电池和锂离子电池低得多，而且电池结构方面的新技术提高了铅酸电池的性能，因此在一定时间内铅酸电池仍然会被广泛使用。但是铅及其化合物对人体有毒，而且铅酸电池性能大幅度提高的可能性不大，

从长远来看，铅酸电池将被其他新型电池所取代。

铅酸电池比较适合低速、低成本的电动车辆，我国绝大多数电动自行车的电池都采用铅酸电池，而且铅酸电池在低速短途电动汽车领域也有着广泛的应用，目前我国多个省份已经开始放开对低速短途电动汽车的政策，在一定意义上将促进铅酸动力电池的应用。

镍氢电池和锂离子电池属于新型动力电池。镍氢动力电池在研发和产业化方面，日本走在前列。目前，在已经产业化的混合动力电动汽车上普遍采用了镍氢电池，使用寿命已经能够达到 10 年以上。镍氢电池以其功率密度高、技术成熟的特点，在混合动力车辆用动力电池中将被持续稳定应用，今后研发的热点主要集中在提高镍氢电池的能量密度方面。

在锂离子电池领域，随着锂离子电池材料的研究和发展，尤其是磷酸铁锂、钛酸锂等电极材料的出现，大大提高了锂离子电池的循环寿命，降低了电池的材料成本或使用成本，使锂离子电池成为近期内最有发展前途和推广应用前景的动力电池。近年来，以锂离子动力电池为代表的先进动力电池在能量密度、功率密度、安全性、可靠性、循环寿命、成本等方面取得突破性进展，为电动汽车发展注入了新的活力。目前，能量型锂离子动力电池的能量密度能够达到 150W·h/kg 以上，分别是铅酸电池和镍氢电池的 3 倍和 2 倍，电池组寿命达到 10 年或 20 万 km，成本降低至 1 美元/A·h 左右，已具备了产业化的条件。

锂离子动力电池具有容量高、比能量高、循环寿命长、无记忆效应等优点，因而成为当前电动汽车用动力电池技术研究开发的主要方向。随着锂离子动力电池技术的不断发展，其在电动汽车上的应用前景被汽车企业普遍看好，在近两年国际车展上各大汽车公司展出的绝大多数纯电动汽车和混合动力汽车都采用了锂离子动力电池。

特斯拉公司将便携式电子设备用 18650 型锂离子电池直接应用到 Roadster 电动跑车电池组中。这种新型电池组采用 6831 只 18650 型电池串并联，具有 53kW·h 能量，峰值功率 200kW。

不同类型的动力电池性能、价格具有明显差异，能适应不同的消费层次和满足不同的需要。铅酸电池、镍氢电池、锂离子电池在未来一段时间内仍将是国内外电动汽车用动力电池的主要类型，会共同占有电动汽车用动力电池的市场，燃料电池、锌空气电池、超级电容和超高速飞轮等以其独特的优势在经过一系列技术革新和发展后也将在一些特定的领域逐步得到应用和推广。

2. 动力电池未来的发展趋势

在车用动力源方面，主要有四种技术路线：锂离子电池、氢燃料电池、超级电容和铝空气电池，其中锂离子电池、超级电容和氢燃料电池都已得到了应用，而铝空气电池尚处于实验室研究阶段，四种技术路线优劣势比较见表 1-2。能源补给方面，锂离子电池、超级电容适用于纯电动汽车，但是需要外部充电，而氢燃料电池汽车需要外部氢气加注，铝空气电池则需要补充铝板和电解液。就目前来看，锂离子电池在未来相当长的一段时间内将占据主要发展空间。此外，我国的《中国制造 2025》发展计划明确了动力电池的发展规划：2020年，电池能量密度要达到 300W·h/kg；2025 年，电池能量密度达到 400W·h/kg；2030 年，电池能量密度达到 500W·h/kg。全固态锂电池技术的使用是可行的方案。目前我国锂离子电池生产企业的单体磷酸铁锂能量密度在 150W·h/kg 以上，三元锂离子电池能量密度达到 200W·h/kg 以上。

表 1-2　四种技术路线优劣势比较

技术路线	优势	劣势	应　用
氢燃料电池	比能量高 功率密度高 环保无污染	系统复杂 氢基础设施建设落后	氢燃料电池环保性能高，适合于客车和重载货车等商用车，且具有行驶里程长的特点
锂离子电池	比能量高 循环性能 无记忆效应 环保无污染	初期购置成本高 充电时间长	用于 300km 以内的短途纯电动汽车
超级电容	功率密度高 充电时间短 使用寿命长	能量密度太低	续驶里程短，不能作为电动汽车的主电源，大多作为辅助电源，用于快速起动装置和制动能量回收装置
铝空气电池	价格便宜 能量密度高 质量轻 体积小	存在空气电极极化和氢氧化铝沉降等问题 功率密度低	目前处于实验室阶段

锂离子动力电池具有高能量密度的关键在于材料，三元材料将成为主流的正极材料体系，石墨与软碳、硬碳等具备不同特性的负极材料混合应用也将成为负极材料的主流体系。另外，石墨烯在我国已经开始进入中期试验阶段，量产后会大幅度提高电池的能量密度水平及寿命。从安全性角度考虑，磷酸铁锂电池要优于其他种类电池，从正极材料来讲，磷酸铁锂材料不仅是研究关注的重点，也是产业化的重点。如果将高镍材料与石墨类材料匹配，同时与薄型改性的隔膜涂层结合，能量密度可以做到 $300W \cdot h/kg$；此外从负极材料来讲，石墨类的材料现在已经是很成熟的产品，未来则以硅碳作为研发重点。

3. 燃料电池是未来汽车最理想的能源

燃料电池是将化学能转化为电能的发电装置，不是通常所说的"电池"，其能量的来源主要是依靠不断供给燃料及氧化剂产生，而且能量转换效率高、无污染、寿命长、运行平稳，被业界公认为未来汽车的最佳能源。

4. 充满活力的新型动力电池技术——物理电池

物理电池是依靠物理变化来提供、储存电能的电池统称，如"瞬间充满电的超级电容""比功率达 $5000 \sim 10000W/kg$ 的飞轮电池"等都属于物理电池家族的成员。

（1）超级电容

超级电容是一种介于传统电容与电池之间的电源元件，功率密度高达 $300 \sim 500W/kg$，是普通电池的 $5 \sim 10$ 倍。它主要依靠双电层和氧化还原电容电荷储存电能，其间不发生化学反应，因此被归为物理电池的范畴。相比化学电池，超级电容有三大明显优势：

① 反复充、放电次数达十万次（传统化学电池只有几百至几千次），寿命上要比化学电池高出很多。

② 超级电容在充、放电时的功率密度极高，瞬间可放出大量电能，可满足车辆更加宽泛的电力需求。

13

③ 工作环境适应能力更佳，通常室外温度在 −40 ~ 65℃ 时，超级电容都能稳定正常工作（传统电池一般为 −20 ~ 60℃）。

（2）飞轮电池

飞轮电池是 20 世纪 90 年代提出的一种新概念电池，它利用类似飞轮转动时产生能量的原理实现充、放电。大名鼎鼎的保时捷 911 GT3 混合动力赛车以及保时捷 918 Spyder 均在两前轮处安装有飞轮电池，飞轮技术将制动所收集的动能转化为电能，并将能量储存于一个飞轮中。在加速过程中，该能量将转移至前轮，在提高加速性能的同时减少内燃机的燃油消耗。

由于技术和材料价格的限制，飞轮电池的价格相对较高，在小型场合还无法体现其优势，但在太空、大规模交通运输以及军事方面需要大型储能装置的场合，飞轮电池已得到逐步应用。

1.3　新能源汽车对动力电池的性能要求

动力电池是新能源汽车，尤其是纯电动汽车的核心部件，动力电池的发展是新能源汽车发展的前提和基础。混合动力汽车由于拥有内燃机和动力电池作为驱动系统，对动力电池的功率性能要求较高，但对能量方面仅要求满足一定的续驶里程即可。但随着人们生活质量的不断提升以及科技的发展，长续驶里程的纯电动汽车将是新能源汽车发展的最终目标，电池能量密度的不足，使得有限体积的电池系统不足以满足更长的续驶里程，因此高能量密度的动力电池将是未来发展的主要方向。

1.3.1　电池的性能参数

1. 电压参数

（1）电动势

电动势是反映电源把其他形式的能转换成电能的物理量，电动势使电源两端产生电压。电池的电动势是热力学的两极平衡电极电位之差，常用 E 表示，单位是伏（V）。电动势是电池在理论上输出能量大小的度量之一。如果其他条件相同，那么电动势越高，理论上能输出的能量就越大。

实际上，电池的开路电压在数值上接近电池的电动势，所以在工程应用上，常常认为电池在开路条件下，正负极间的平衡电势之差，即为电池的电动势。

（2）开路电压

开路电压是指在开路状态下（几乎没有电流通过时），电池的正极电极电位与负极电极电位之差。电池的开路电压取决于电池正负极材料的活性、电解质和温度条件等，而与电池的几何结构和尺寸大小无关。例如，无论铅酸电池的大小尺寸如何，其单体开路电压都是近似一致的。一般情况下，电池的开路电压要小于（但接近）它的电动势，因此人们一般近似认为电池的开路电压就是电池的电动势。

（3）额定电压

额定电压也称公称电压或标称电压，是指在规定条件下电池工作的标准电压。不同电化学类型的电池单体额定电压是不同的，根据额定电压也能区分电池的化学体系。表 1-3 所示为常用不同电化学体系电池的单体额定电压值。

表 1-3　常用不同电化学体系电池的单体额定电压值

电池类型	单体额定电压/V
铅酸电池（VRLA）	2
镍镉电池（Ni – Cd）	1.2
镍锌电池（Ni – Zn）	1.6
镍氢电池（Ni – MH）	1.2
锌空气电池（Zn/Air）	1.2
铝空气电池（Al/Air）	1.4
钠氯化镍电池（Na/NiCl$_2$）	2.5
钠硫电池（Na/S）	2.0
锰酸锂电池（LiMn$_2$O$_4$）	3.7
磷酸铁锂电池（LiFePO$_4$）	3.2

（4）工作电压

工作电压是指电池在接通负载放电过程中所显示出的电压，又称负荷（载）电压或放电电压。在电池放电初始时刻，即开始有工作电流时的电压称为初始电压。

电池在接通负载后，由于欧姆内阻和极化内阻的存在，电池的工作电压低于开路电压。其电压计算公式为

$$V = E - IR = E - I(R_\Omega + R_f) \tag{1-1}$$

式中　I——电池的工作电流；

　　　E——电池的电动势；

　　　R_f——极化内阻；

　　　R_Ω——欧姆内阻。

从公式（1-1）中可以看出，工作电压随着负载和电流的变化，也将发生变化。

（5）放电终止电压

放电终止电压也称为放电截止电压，是指电池在放电时，电压下降到不宜再继续放电的最低工作的电压值。

由于对电池的容量和寿命要求的不同，以及不同的电池类型和放电条件，各种电池规定的放电终止电压也不同。一般而言，在低温或大电流放电时，终止电压规定得低些；小电流长时间或间歇放电时，终止电压值规定得高些。对于所有蓄电池（即充电电池），放电终止电压都是必须严格规定的重要指标。

2. 容量参数

电池在一定的放电条件下所能放出的电量称为电池容量，以符号 C 表示，其单位常用 A·h 或 mA·h 表示。

（1）理论容量（C_0）

理论容量是假定全部活性物质参加电池的成流反应所能提供的电量。理论容量可根据电池反应式中电极活性物质的数量，按法拉第定律计算的活性物质的电化学当量求出。

（2）额定容量（C）

额定容量即按照国家或有关部门规定的标准，保证电池在一定的放电条件（如温度、

放电率、终止电压等）下放出的最低限度容量。

（3）实际容量（C）

实际容量是指在实际应用情况下电池实际放出的电量，它等于放电电流与放电时间的积分。实际放电容量受放电率的影响较大，所以常在字母 C 的右下角以阿拉伯数字标明放电率，如 $C_{20}=50\text{A}\cdot\text{h}$，表明在 20h 放电率下的容量为 $50\text{A}\cdot\text{h}$，其计算方法如下：

恒定电流放电时，$C=IT$；变电流放电时，

$$C = \int_0^T I(t)\,\mathrm{d}t \tag{1-2}$$

式中　I——放电电流，是放电时间 t 的函数；

　　　T——放电至终止电压所用的时间。

由于内阻的存在，以及其他各种原因，活性物质不可能完全被利用，即活性物质的利用率总是小于 1，电池的实际容量、额定容量总是低于理论容量。活性物质的利用率定义为

$$\eta = \frac{m_1}{m} \times 100\% = \frac{C}{C_0} \times 100\% \tag{1-3}$$

式中　m_1——放出实际容量时消耗的活性物质的质量；

　　　m——活性物质的质量。

电池的实际容量与放电电流密切相关，大电流放电时，电极的极化增强，内阻增大，放电电压下降很快，电池的能量效率降低，因此实际放出的容量较低。相应地，在低倍率放电条件下，放电电压下降缓慢，电池实际放出的容量常常高于额定容量。

（4）剩余容量

剩余容量是指在一定放电倍率下放电后，电池剩余的可用容量。剩余容量的估计和计算受到电池前期应用的放电率、放电时间等因素以及电池老化程度、应用环境等多种因素影响，所以在准确估算上存在一定的困难。

3. 内阻参数

电流通过电池内部时受到阻力，使电池的工作电压降低，该阻力称为电池内阻，由于电池内阻的作用，电池放电时端电压低于电动势和开路电压。充电时充电的端电压高于电动势和开路电压。电池内阻是化学电源的一个极为重要的参数，它直接影响电池的工作电压、工作电流、输出能量与功率等，对于一个实用的化学电源，其内阻越小越好。

电池内阻不是常数，它在放电过程中根据活性物质的组成、电解液浓度和电池温度以及放电时间而变化。电池内阻包括欧姆内阻和电极在化学反应时所表现出的极化内阻，两者之和称为电池的全内阻。欧姆内阻主要由电极材料、电解液、隔膜的内阻及各部分零件的接触电阻组成。它与电池的尺寸、结构、电极的成形方式（如铅酸电池的涂膏式电极与管式电板，碱性电池的有极盒式电极和烧结式电极）以及装配的松紧度有关。极化内阻是指化学电源的正极与负极在电化学反应进行时由于极化所引起的内阻，它是电化学极化和浓差极化所引起的电阻之和。极化内阻与活性物质的本性、电极的结构、电池的制造工艺有关，尤其是与电池的工作条件密切相关，放电电流和温度对其影响很大。在大电流密度下放电时，电化学极化和浓差极化均增加，甚至可能引起负极的钝化，极化内阻增加。低温对电化学极化、离子的扩散均有不利影响，故在低温条件下电池的极化内阻也增加。因此极化内阻不是一个常数，而是随放电率、温度等条件的改变而改变。

电池内阻较小，在许多工况常常忽略不计，但电动汽车用动力电池常常处于大电流、深放电工作状态，内阻引起的压降较大，此时内阻对整个电路的影响不能忽略。

对应于电池内阻的构成，电池产生极化现象有三个方面的原因。

（1）欧姆极化

欧姆极化是由于电解液、电极材料以及导电材料之间存在的接触电阻所引起的极化。充放电过程中，为了克服欧姆内阻，外加电压就必须额外施加一定的电压，以克服阻力推动离子迁移。该电压以热的方式转化给环境，就出现了所谓的欧姆极化。随着充电电流急剧加大，欧姆极化将造成电池在充电过程中温度升高。

（2）浓差极化

电流流过电池时，为了维持正常的反应，最理想的情况是电极表面的反应物能及时得到补充，生成物能及时离去。实际上，生成物和反应物的扩散速度远远比不上化学反应速度，从而造成极板附近电解质溶液浓度发生变化。也就是说，从电极表面到中部溶液，电解液浓度分布不均匀。这种现象称为浓差极化。

（3）电化学极化

电化学极化是由于电极上进行的电化学反应的速度落后于电极上电子运动的速度造成的。

不管哪种极化，如果极化现象严重，都将对电池造成不可逆的损坏。

4. 能量与能量密度

电池的能量是指在一定放电制度下，电池所能释放出的能量，通常用 $W \cdot h$ 或 $kW \cdot h$ 表示。电池的能量分为理论能量和实际能量。

（1）理论能量

假设电池在放电过程中始终处于平衡状态，其放电电压保持电动势（E）的数值，而且活性物质的利用率为 100%，即放电容量为理论容量，则在此条件下电池所输出的能量为理论能量 W_0，即

$$W_0 = C_0 E \tag{1-4}$$

（2）实际能量

实际能量是指电池放电时实际输出的能量。它在数值上等于电池实际放电电压、放电电流与放电时间的积分，即

$$W = \int V(t) I(t) \, \mathrm{d}t \tag{1-5}$$

在实际工程应用中，作为实际能量的估算，经常采用电池组额定容量与电池放电平均电压乘积进行电池实际能量的计算。

由于活性物质不可能完全被利用，电池的工作电压总是小于电动势，电池的实际能量总是小于理论能量。

电池的能量密度是指单位质量或单位体积的电池所能输出的能量（W/G 或 W/V，W 表示电池的能量；G 表示电池的质量；V 表示电池的体积），相应地称为质量能量密度（$W \cdot h/kg$）或体积能量密度（$W \cdot h/L$），也称质量比能量或体积比能量。在电动汽车应用方面，动力电池质量比能量将影响电动汽车的整车质量和续驶里程，而体积比能量会影响到动力电池的布置空间。因而比能量是评价动力电池能否满足电动汽车应用需要的重要指标。同时，比能量也是比较不同类型电池性能的一项重要指标。

比能量还可分为理论比能量（W）和实际比能量（W'）。理论比能量对应于理论能量，是指单位质量或单位体积电池反应物质完全放电时理论上所能输出的能量；实际比能量对应于实际能量，是单位质量或单位体积电池反应物质所能输出的实际能量，由电池实际输出能量与电池质量（或体积）之比来表征，由于各种因素的影响，电池的实际比能量远小于理论比能量。

动力电池在电动汽车的应用过程中，由于电池组安装需要相应的电池箱、连接线、电流电压保护装置等元器件，实际的电池组比能量小于电池比能量。电池组比能量是电动汽车应用中最重要的参数之一，电池比能量与电池组比能量之间的差距越小，电池的成组设计水平越高，电池组的集成度越高。因此，电池组的质量比能量常常成为电池组性能的重要衡量指标。一般而言，电池组的质量比能量与电池比能量相比低 20% 以上。

5. 功率与功率密度

（1）功率

电池的功率是指在一定的放电制度下，单位时间内电池输出的能量，单位为瓦（W）或千瓦（kW）。理论上电池的功率可以表示为

$$P_0 = \frac{W_0}{t} = \frac{C_0 E}{t} = IE \tag{1-6}$$

式中 　t——放电时间；

　　　C_0——电池的理论容量；

　　　I——恒定的放电电流。

电池的实际功率应当为

$$P_0 = IV = I(E - IR_W) = IE - I^2 R_W \tag{1-7}$$

式中 　$I^2 R_W$——消耗于电池内阻上的功率，这部分功率对负载是无用的。

（2）功率密度

单位质量或单位体积电池输出的功率称为功率密度，又称比功率，单位为 kW/kg 或 W/g。功率密度的大小，表征电池所能承受的工作电流的大小，电池功率密度大，表示它可以承受大电流放电。功率密度是评价电池及电池组是否满足电动汽车加速和爬坡能力的重要指标。

对电化学电池，功率和功率密度与电池的放电深度（DOD）密切相关。因此，在表示电池功率和功率密度时还应该指出电池的放电深度。

6. 荷电状态

电池荷电状态（State of Charge，SOC）用于描述电池的剩余电量，是电池使用过程中的重要参数，此参数与电池的充放电历史和充放电电流大小有关。

荷电状态是个相对量，一般用百分比的方式来表示。SOC 的取值为：$0 \leqslant SOC \leqslant 100\%$。目前较统一的是从电量角度定义 SOC，如美国先进电池联合会（USABC）在其《电动汽车电池实验手册》中定义 SOC 为：电池在一定放电倍率下，剩余电量与相同条件下额定容量的比值。

$$SOC = \frac{C_{剩}}{C_{额}} \tag{1-8}$$

式中 $C_{额}$——额定容量；

C_μ——电池剩余的按额定电流放电的可用容量。

由于 SOC 受充放电倍率、温度、自放电、老化等因素的影响，实际应用中要对 SOC 的定义进行调整。

例如，日本本田公司电动汽车 EV Plus 定义 SOC 为

$$SOC = \frac{剩余容量}{额定容量 \times 容量衰减因子} \tag{1-9}$$

其中，剩余容量等于额定容量减去净放电量、自放电量、温度补偿容量后的差值。

动力电池的充放电过程是个复杂的电化学变化过程，电池剩余电量受到动力电池的基本特征参数（端电压、工作电流、温度、容量、内部压强、内阻和充放电循环次数）和动力电池使用特性因素的影响，使得对电池组的荷电状态（SOC）的测定很困难。目前关于电池组电量的研究，较简单的方法是将电池组等效为一个电池单体，通过测量电池组的电流、电压、内阻等外界参数，找出 SOC 与这些参数的关系，以间接地测试电池的 SOC 值。应用过程中，为确保电池组的使用安全和使用寿命，常使用电池组中性能最差电池单体的 SOC 来定义电池组的 SOC。

7. 放电深度

放电深度（Depth of Discharge，DOD）是放电容量与额定容量之比的百分数，它与 SOC 之间存在如下数学计算关系：

$$DOD = 1 - SOC \tag{1-10}$$

放电深度的高低对蓄电池的使用寿命有很大的影响，一般情况下，蓄电池常用的放电深度越深，其使用寿命就越短，因此在电池使用过程中应尽量避免蓄电池深度放电。

8. 使用寿命

（1）使用寿命的概念

动力电池单体在充放电循环使用过程中，由于一些不可避免的副反应的存在，电池可用活性物质逐步减少，性能逐步退化，其退化程度随着充放电循环次数的增加而加剧，其退化速度与动力电池单体充放电的工作状态和环境有着直接的联系。

循环寿命是评价蓄电池寿命性能的一项重要的指标。蓄电池经历一次充电和放电，称为一次循环，或者一个周期。按一定测试标准，当电池容量降到某一规定值（一般规定为额定值的 80%）以前，电池经历的充放电循环总次数，称为蓄电池的循环寿命或使用周期。各类蓄电池的循环寿命都有差异，即使同一系列、同一规格的产品，循环寿命也可能有很大差异。目前常用的蓄电池中，锌银电池的循环寿命最短，一般只有 30~100 次；铅酸电池的循环寿命为 300~500 次；锂离子电池的使用周期较长，循环寿命可达 1000 次以上。

（2）电池使用寿命的影响因素

影响动力电池寿命的因素主要包括充放电速率、充放电深度、环境温度、存储条件、电池维护过程、电流波纹以及过充电量和过充频度等。电池成组应用中，动力电池单体不一致性、单体所处温区不同、车辆的振动环境等都会对电池寿命产生影响。

在动力电池成组使用中，由于各电池单体间的不一致性和串联动力电池组的短板效应，电池组的最大可用容量与单体的可用容量下降速度不同步，也将导致各单体的 SOC 状态各不相同，使得电池组寿命和电池单体相比，明显降低。过充电或过放电都会对电池造成额外的损伤，致使动力电池的容量衰减加剧，此时的动力电池组寿命降低更加明显。

9. 自放电率

自放电率是指电池在存放时间内，在没有负荷的条件下自身放电，使得电池容量损失的速度。自放电率采用单位时间（月或年）内电池容量下降的百分数来表示。

$$自放电率 = \frac{Ah_a - Ah_b}{Ah_a t} \times 100\% \qquad (1\text{-}11)$$

式中　Ah_a——电池储存时的容量（A·h）；

　　　Ah_b——电池储存以后的容量（A·h）；

　　　t——电池储存的时间（天或月）。

自放电率通常与时间和环境温度有关，环境温度越高，自放电现象越明显，所以电池久置时要定期补电，并在适宜的温度和湿度下储存。

10. 不一致性

（1）电池不一致性的概念

电池不一致性的概念是指同一规格、同一型号的电池单体组成电池组后，在电压、内阻及其变化率、荷电量、容量、充电接受能力、循环寿命、温度影响、自放电率等参数方面存在的差别。在现有的电池技术水平下，电动汽车必须使用多块电池单体构成的电池组来满足使用要求。由于不一致性的影响，动力电池组在电动汽车上使用的性能指标往往达不到电池单体原有水平，使用寿命可能缩短数倍甚至十几倍，严重影响电动汽车的性能和应用。

（2）电池不一致产生的原因

1）在制造过程中，由于工艺上的问题和材质的不均匀，使得电池极板活性物质的活化程度和厚度、微孔率、联条、隔板等存在很微小的差别，这种电池内部结构和材质上的不完全一致性，就会使同一批次出厂的同一型号电池的容量、内阻等参数不可能完全一致。

2）在装车使用时，由于电池组中各个电池的温度、通风条件、自放电程度、电解液密度等差别的影响，在一定程度上导致电池电压、内阻及容量等参数的不一致性。

（3）电池不一致性的分类

根据使用中电池组不一致性扩大的原因和对电池组性能的影响方式，可以把电池的一致性分为容量一致性、电压一致性和电阻一致性。

1）容量一致性。容量一致性主要体现在起始容量和实际容量两个方面。起始容量一致性是指电池组在出厂前的分选试验后单体初始容量一致性，实际应用的容量一致性是指电池在放电过程中剩余电量不相等。初始容量不一致可在使用过程中通过电池单体充放电来调整，使之差异性较小，而实际容量不一致则有可能与电池单体内阻等参数有关。

电池起始容量受电池循环工作次数影响显著，越接近电池寿命周期后期，实际容量不一致就越明显。同时电池起始容量还与电池容量衰减特性有关，受到电池储存温度、电池荷电状态（SOC）等因素影响。电池组实际放电容量不一致性还与电池放电电流有关。所以，在电池组实际使用过程中，容量不一致主要是电池起始容量不一致和放电电流不一致综合影响的结果。

2）电压一致性。电压不一致的主要影响因素在于并联组中电池的互相充电，当并联组中一节电池电压低时，其他电池将给此电池充电。图1-10所示为并联电压不一致性连接方式，低压电池容量小幅增加的同时高压电池容量急剧降低，能量将损耗在互充电过程中而达不到预期的对外输出。

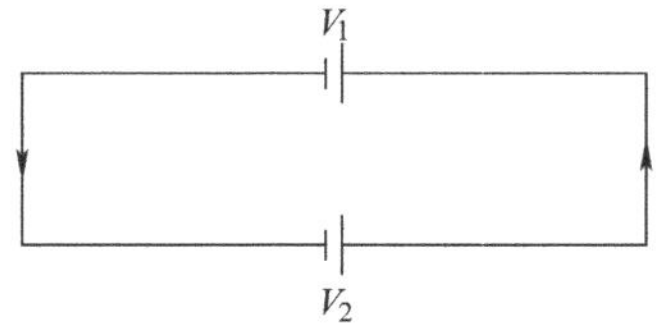

图1-10　并联电压不一致性

若低压电池和正常电池一起使用，将成为电池组的负载，影响其他电池的工作，进而影响整个电池组的寿命。所以，在电池组不一致明显增加的深放电阶段，不能再继续行车，否则会造成低容量电池过放电，影响电池组使用寿命。

3）内阻一致性。电池内阻不一致使得电池组中每个单体在放电过程中热损失的能量各不一样，最终会影响电池单体能量状态。

11. 放电制度

放电制度就是电池放电时所规定的各种条件，主要包括放电速率（电流）、终止电压和温度等。

（1）放电电流

放电电流是指电池放电时的电流大小。放电电流的大小直接影响到电池的各项性能指标，因此，介绍电池的容量或能量时，必须说明放电电流的大小，指出放电的条件。

（2）放电终止电压

终止电压值与电池材料直接相关，并受到电池结构、放电率、环境温度等多种因素的影响。一般来说，低温大电流放电时，电极的极化大，活性物质不能充分利用，电池的电压下降较快。因此，在低温或大电流（高倍率）放电时，终止电压可规定得低些；小电流放电时，电极的极化小，活性物质能够得到充分利用，终止电压可规定得高些。

除上述主要性能指标外，还要求电池无毒性，不对周围环境造成污染或腐蚀，使用安全，有良好的充电性能，充电操作方便，耐振动，无记忆性，对环境温度变化不敏感，易于调整和维护等。

1.3.2　新能源汽车对动力电池的性能要求

动力电池是为混合动力汽车和电动汽车提供动力的电池，其最重要的特点就是高功率和高能量。高功率意味着更大的充放电强度，高能量表示更高的质量比能量和体积比能量。动力电池系统需要按照最优化的整车设计应用指标去设计，但从使用角度而言，电动汽车对动力电池的性能要求主要有以下七个方面。

1. 高能量

高能量对于电动汽车而言，意味着更长的纯电动续驶里程。作为交通工具，续驶里程的延长可有效提升车辆应用的方便性和适用范围。锂离子动力电池能够在电动汽车上广泛推广和应用，主要原因就是其能量密度是铅酸动力电池的 3 倍，并且还有继续提高的可能性。

2. 高功率

车辆作为交通工具，追求高速，所以动力电池要求能为驱动电机提供高功率输出，以满足车辆动力性的要求。但长期大电流、高功率放电对于电池的使用寿命和充放电效率会产生负面影响，甚至影响电池使用的安全性，因此在功率方面还需要一定的功率储备，避免让动力电池在全功率工况下工作。

3. 长寿命

铅酸动力电池使用寿命在深充、深放工况下可以达到 400 次，锂离子动力电池可以达到 1000 次以上，混合动力汽车用镍氢电池的使用寿命可以达到 10 年以上。动力电池的使用寿命，关系到电池成本。车辆应用过程中电池更换的费用，是电动汽车使用成本的重要组成部分。提高动力电池的使用寿命目前是电池技术研究的重点问题之一。

4. 低成本

动力电池的成本与电池的新技术含量、材料、制作方法和生产规模有关，目前新开发的高比能量的电池成本较高，使得电动汽车的造价也较高，开发和研制高效、低成本的动力电池是电动汽车发展的关键。

5. 安全性好

动力电池为电动汽车提供了高达300V以上的驱动供电电压，可能危及人身安全和车载电器的使用安全。动力电池作为高能量密度的储能载体，自身也存在一定的安全隐患，以锂离子电池为例。

① 充放电过程如果发生热失控反应，可能导致电池短路起火，甚至发生爆炸现象。

② 锂离子电池采用的有机电解质，在4.6V左右易发生氧化，并且溶剂易燃，若出现泄漏等情况，也会引起电池着火、甚至爆炸。

③ 发生碰撞、挤压、跌落等极端的状况，导致电池内部短路，也会引起危险状况的出现。

基于上述原因，对于车用动力电池的检验标准非常严格，我国已经制定了动力电池及电池模块安全性检验的标准。对动力电池在高温、高湿、穿刺、挤压、跌落等极端状况进行检验，要求在这些状况下不发生动力电池的燃烧、起火现象。

6. 工作温度适应性强

车辆应用一般不应受地域的限制，不同的空间和时间应用，需要车辆适应不同的温度。仅以北京地区的车辆应用为例，北京夏季地表温度可达50℃以上，冬季可低至−15℃以下，在该温度变化范围内，动力电池应可以正常工作。因此，对于动力电池而言，需要其具有良好的温度适应性。现在的动力电池系统设计，考虑到电池的温度适应性问题，一般都需要设计相应的冷却系统或加热系统以达到动力电池的最佳工作温度。

7. 可回收性好

按照动力电池使用寿命的标准定义，电池在其容量衰减到额定容量的80%时，确定为动力电池寿命终结。随着电动汽车的大量应用，必然出现大量废旧动力电池的回收问题。对于动力电池的可回收性，在电化学性能方面，首先要求做到电池正负极及电解液等材料无毒，对环境无污染。其次是研究电池内部各种材料的回收再利用。对于动力电池的再利用，还存在梯次利用问题，即按照动力电池寿命标准，电池的衰减量达到初始容量的20%时可将淘汰的电池转移到对电池容量和功率要求相对较低的领域继续应用。

实训1　动力电池参数识读

1. 实操目标

（1）能够识别动力电池的高压安全标识。

（2）能够理解动力电池的主要技术参数。

（3）能够根据维修手册查找动力电池线束插接件端子定义。

2. 操作时间

30分钟

3. 实操所需材料与工具

北汽新能源 EV160 或 EV200 动力电池总成、动力电池举升平台、高压安全防护用品、EV160 或 EV200 整车电路图及维修手册。

（1）动力电池安全警示标识如图 1-11 所示。

（2）动力电池参数标识如图 1-12 所示。

图 1-11　动力电池安全警示标识

图 1-12　动力电池参数标识

（3）动力电池接线端子如图 1-13 所示。

图 1-13　动力电池接线端子

4. 注意事项

请务必按照老师的指导，合理使用绝缘安全护具，并严格按老师示范动作操作，做到安全、正确，并防止造成实操总成及车辆的损坏。

5. 实操步骤

（1）动力电池总成外观检查与清洁。

（2）阅读动力电池外壳上的高压安全警示标识，并理解其含义。

（3）阅读动力电池外壳上的技术参数标识，并理解其含义。

（4）查阅维修手册，写出动力电池低压线束插接件的端子定义。

作业记录表

序号	接线端子	功能定义
1	A	
2	B	
3	C	

23

（续）

序号	接线端子	功能定义
4	D	
5	E	
6	F	
7	G	
8	H	
9	J	
10	K	
11	L	
12	M	
13	N	
14	P	
15	R	
16	S	
17	T	
18	U	
19	V	
20	W	
21	X	

本 章 小 结

1. 随着新能源汽车技术的发展，汽车已经步入了电气化时代，新能源汽车，尤其是电动汽车的动力及驱动方式与传统的内燃机汽车有着根本性的区别，理解及掌握其动力系统的区别是认识和了解新能源汽车的基础。

2. 了解了动力电池和新能源汽车的发展历史、现状和趋势，可看到动力电池在电动汽车发展中的重要作用。展望未来，随着动力电池技术的不断发展，电动汽车技术也将不断进步，最终逐步普及。

3. 铅酸电池、镍氢电池、锂离子电池在今后一段时间内仍将是国内外新能源汽车用动力电池的主要类型，但燃料电池将是未来动力电池的一个发展方向。动力电池今后将逐步向高能量密度、高功率密度、高充电效率、长寿命、高安全性、低成本等方向发展。新能源汽车也将逐渐向智能化、低成本化、高可靠性、低能耗、长寿命等方向发展。

复习思考题

1. 简述纯电动汽车动力系统与传统内燃机汽车的区别。
2. 动力电池今后的发展趋势是什么？
3. 根据新能源汽车对动力电池性能的需求，说出动力电池最重要的性能指标有哪些。
4. 对比分析各类动力电池驱动的电动汽车，寻找最环保的汽车。

第2章 ▶▶▶▶▶

各类动力电池的工作原理及应用

学习目标：

- 认知各类动力电池的充、放电原理及结构组成。
- 掌握各类动力电池的技术特点。
- 掌握各类动力电池在新能源汽车中的应用情况。

电池的种类很多，可按不同的标准进行分类。

1. 按电解液种类不同划分

按电解液的种类不同，电池可分为：

1）碱性电池。其电解质主要以氢氧化钾水溶液为主，如碱性锌锰电池（俗称碱锰电池或碱性电池）、镍镉电池、镍氢电池等。

2）酸性电池。酸性电池主要是以硫酸水溶液为介质，如铅酸电池等。

3）中性电池。中性电池是以盐溶液为介质，如锌锰电池、海水电池等。

4）有机电解液电池。有机电解液电池主要是以有机溶液为介质，如锂离子电池等。

2. 按工作性质划分

按工作性质不同，电池可分为：

1）原电池，即放电后不能再充电使用的电池，日常生活使用的电池大多属于这种电池。

2）蓄电池。蓄电池即放电后可以反复充电使用的电池，如铅酸电池、镍镉电池、镍氢电池、锂离子电池等。

3）燃料电池。燃料电池中，活性材料在电池工作时连续不断地从外部加入电池，如氢氧燃料电池、金属燃料电池等。

4）储备电池。储备电池储存时电极板不直接接触电解液，直到电池使用时，才加入电解液，如镁—氯化银电池，又称海水激活电池。

3. 按正负极材料不同划分

按电池所用正、负极材料不同，电池可分为：

1）锌系列电池，如锌锰电池、锌银电池等。

2）镍系列电池，如镍镉电池、镍氢电池等。

3）铅系列电池，如铅酸电池。

4）锂系列电池，如锂离子电池、锂聚合物电池和锂硫电池。

5）二氧化锰系列电池，如锌锰电池、碱锰电池等。

6）空气（氧气）系列电池，如锌空气电池、铝空气电池等。

电池的种类虽然很多，但适合为新能源汽车提供动力来源的电池确不多，所以本章主要学习目前被新能源汽车广泛使用的动力电池的工作原理及应用情况。

2.1 铅酸动力电池的结构、工作原理及应用

铅酸电池发明距今已有 150 多年，目前在所有化学电源中，铅酸电池生产规模最大，单就起动蓄电池而言，全世界年产量达 10 亿个之多。作为发展历史最悠久的动力电池，铅酸电池技术成熟、性能可靠、成本低廉、维护方便，在储能电源、起动电源、车载电源等领域得到了广泛应用。

2.1.1 铅酸电池的类型

根据铅酸电池在汽车中的作用可将其分为三种类型：起动式铅酸电池、牵引式铅酸电池和固定式铅酸电池。这三类铅酸电池的性能差异见表 2-1。起动式铅酸电池不能深度充放电，不能用于电动汽车的主电源，一般仅作为低压辅助电源使用；固定式铅酸电池虽然容量可以做到很大，但是比能量较低，体积和质量很大，不适合车用，一般仅用于不间断电源等位置相对固定的场合；牵引式铅酸电池容量相对较大，可深度充放电，比能量较高，可用于电动汽车主动力电源。

表 2-1　三类铅酸电池的性能差异

类型	常用容量/($A \cdot h$)	正极板	负极板	特点
起动式铅酸电池	5 ~ 200	涂膏式	涂膏式	比功率高、比能量高
牵引式铅酸电池	40 ~ 1200	管状	涂膏式	可深度充放电
固定式铅酸电池	40 ~ 5000	板状	涂膏式	比能量较低、自放电率小

2.1.2 铅酸电池的工作原理

铅酸电池的电极主要由铅及其氧化物制成，电解液是硫酸溶液。放电状态下，正极主要成分为二氧化铅，负极主要成分为铅；充电状态下，正极和负极的主要成分均为硫酸铅。

1. 放电原理

当铅酸电池的正、负极板浸入电解液中时，在正、负极板间就会产生约 2.1V 的静止电动势，此时若接入负载，在电动势的作用下，电流就会从电池的正极经外电路流向电池的负极，这一过程称为放电，电池的放电过程是化学能转变为电能的过程。

放电时，正极板上的 PbO_2 和负极板上的 Pb 都与电解液中的 H_2SO_4 反应生成硫酸铅（$PbSO_4$），沉附在正、负极板上。电解液中 H_2SO_4 不断减少，密度下降。

正极化学反应为：

$$PbO_2 + 4H^+ + SO_4^{2-} + 2e^- = PbSO_4 + 2H_2O$$

负极化学反应为：

$$Pb + SO_4^{2-} + 2e^- = PbSO_4$$

电池总反应：

$$PbO_2 + Pb + 2H_2SO_4 = 2PbSO_4 + 2H_2O$$

理论上，放电过程可以进行到极板上的活性物质被耗尽为止，但由于生成的 $PbSO_4$ 沉

附于极板表面，阻碍电解液向活性物质内层渗透，使得内层活性物质因缺少电解液而不能参加反应，因此放完电的电池的活性物质利用率只有 20% ~ 30% 。因此，采用薄型极板，增加极板的多孔性，可以提高活性物质的利用率，增大电池的容量。

电池放电终了特征：①单格电池电压降到放电终止电压；②电解液密度降到最小许可值。此外放电终止电压与放电电流的大小有关，放电电流越大，允许的放电时间就越短，放电终止电压也越低。

2. 充电原理

充电时，电池的正、负极分别与直流电源的正、负极相连，当充电电源的端电压高于电池的电动势时，在电场的作用下，电流从电池的正极流入，负极流出，这一过程称为充电。电池充电过程是电能转换为化学能的过程。充电时，正、负极板上的 $PbSO_4$ 还原成 PbO_2 和 Pb，电解液中的 H_2SO_4 增多，密度上升。

正极的化学反应：

$$PbSO_4 - 2e^- + 2H_2O \rightarrow PbO_2 + 2H^+ + H_2SO_4$$

$$H_2O \rightarrow 2H^+ + \frac{1}{2}O_2 + 2e^-$$

负极的化学反应：

$$PbSO_4 + 2e^- + 2H^+ \rightarrow Pb + H_2SO_4$$

$$2H^+ + 2e^- \rightarrow H_2$$

当充电接近终了时，$PbSO_4$ 已基本还原成 PbO_2 和 Pb，这时，过剩的充电电流将电解水，使正极板附近产生 O_2 从电解液中逸出，负极板附近产生 H_2 从电解液中逸出，电解液液面高度降低。因此，铅酸电池需要定期补充蒸馏水。

电池充足电的标志是：①电解液中有大量气泡冒出，呈沸腾状态；②电解液的密度和电池的端电压上升到规定值，且在 2 ~ 3h 内保持不变。

2.1.3　铅酸电池的结构

一个正极板和一个负极板组合成极板组，在正、负极板中间插入一隔板，加入稀硫酸的电解液，这样便组成了一个单格电池。由于单格电池电量有限，实际上铅酸电池都是由多个单格电池组成的。

图 2-1 所示为 6V 铅酸电池的结构。它由三个相同的单格电池组成。每个单格电池的电压为 2V，用联条把 3 个单格串联起来，便成了一个 6V 铅酸电池。

1. 极板与极板组

极板是电池的核心部分，是电池储存电能的主要部件。极板分正极板和负极板，做成栅架（网架）形式，上面附满活性物质。正极板上所附活性物质为二氧化铅（PbO_2）呈棕红色；而负极板上所附活性物质为海绵状纯铅（Pb），呈青灰色。电池的充电和放电，就是靠正、负极板上活性物质与硫酸溶液的化学反应来实现的。

栅架是由铅合金制成的网架形式，一般在铅中加入少量的锑，近年来为了改善铅酸电池的自放电性能，而在铅中加入少量的钙。

2. 隔板

隔板的作用是把正、负极板隔开，防止正、负极板互相接触造成短路。隔板要耐酸，具

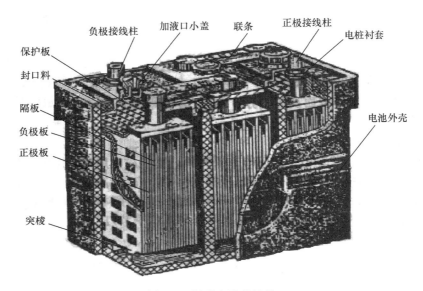

图 2-1　铅酸电池的结构

有多孔性，以利于电解液的渗透。常用的隔板材料有木质、微孔橡胶和微孔塑料等。微孔塑料隔板孔径小、孔率高、成本低，因此被广泛采用。

隔板做成一面有沟槽、一面平滑，装入时，沟槽面应竖直对向正极板。这样，可使正极板在化学反应时，与更多的电解液接触反应充分。此外，在电池充电时生成的气泡可随槽上升，脱落的活性物质则会沿槽下沉。

3. 电解液

电解液是铅酸电池内部发生化学反应的主要物质，是用纯净硫酸和蒸馏水（去离子水）按一定比例配制而成的，电解液的纯度和密度对电池容量和寿命有重要影响。

电解液中硫酸密度高，可增强化学反应，提高电动势。冬季还可避免电解液冻结。但密度过高，会使极板腐蚀作用加快，缩短极板与隔板的使用寿命。电解液的密度一般为 1.24 ~ 1.28g/cm³（20℃）。气温高的地区或季节，应采用较低密度；气温低的地区或季节，应采用较高密度。

4. 外壳

外壳用硬橡胶或塑料制成。内用间隔分隔成几个单格，每个单格内放入极板组和电解液便组成一个单格电池。壳的底部有凸起的筋条（突棱）用来放置极板组。

各单格电池极板组的正、负极柱，采用联条串联连接，即一个单格电池的正极柱和相邻单格电池的负极柱相连。加液口上有盖，盖上有通气孔，应保持畅通，以防外壳内气体增多而把外壳胀裂。

2.1.4　铅酸电池的性能特点

1. 容量

容量分为额定容量和储备容量。额定容量是指完全充满电的电池，在电解液温度为（25±5）℃，密度为（1.28±0.01）g/mL 时，以 20h 放电率的放电电流连续放电，当 12V 电池端电压降到（10.50±0.05）V、6V 电池端电压降到（5.25±0.02）V 时所输出的电量，单位是 A·h；电池的储备容量是指完全充满电的电池，在电解液温度为（25±2）℃时，以 25A 电流放电，当 12V 电池端电压降至（10.50±0.05）V、6V 电池端电压降至（5.25±0.02）V 时，放电所持续的时间，单位为 min。

2. 充电特性

充电分为三个阶段，电池组中单格电池充电曲线如图 2-2 所示，在充电第二个阶段完成后，电池已经基本充满，第三个阶段充电属于对电池的维护性充电，以提高电池组的使用性能。

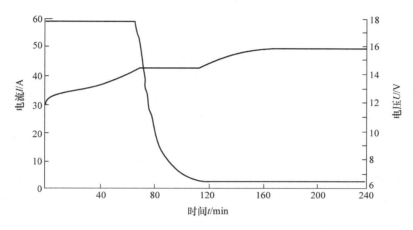

图 2-2　电池组中电池单体充电曲线

如果将实际充电过程用电压变换曲线来表示，如图 2-3 所示，从图中可以看出，充电初期电池的端电压上升很快，如图中的曲线 oa 段，这是因为开始时电池两端的 $PbSO_4$ 分别转化为 PbO_2 和 Pb，同时生成 H_2SO_4，极板表面和活性物质微孔内的 H_2SO_4 浓度剧增，又来不及向极板外扩散，电池的电动势迅速升高，所以端电压也急剧上升。充电中期，如图中曲线 ab 段，由于电解液的相互扩散，极板表面和活性物质微孔内的 H_2SO_4 浓度增加的速度和向外扩散的速度逐渐趋于平衡，极板表面和微孔内的电解液浓度不再急剧上升，端电压比较缓慢地上升。

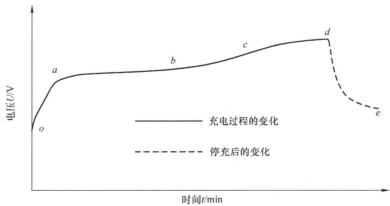

图 2-3　电压变化曲线

随着充电的进行，活性物质逐步转化为 PbO_2 和 Pb，孔隙逐渐扩大，孔率增加，至曲线的 b 点（此时单格端电压约 2.3V 左右）时，活性物质已大部分转化为 PbO_2 和 Pb，极板上所余的 $PbSO_4$ 不多，如果继续充电，则会大量电解水，开始析出气体。由于部分气体吸附在极板表面来不及释放，增加了内阻并造成正极电位升高，电池端电压又迅速上升，如曲线中的 bc 段。当充电达到 cd 段时，此时活性物质已全部还原为充满电时的状态，水的分解也逐渐趋于饱和，电解液剧烈沸腾，而电压则稳定在 2.7V 左右。当充电至 d 点时应结束充电，以后无论怎样延长充电时间，端电压也不再升高，只是无谓地消耗电能进行水的电解，如果在 d 点停止充电，端电压会迅速降低至 2.3V。

3. 放电特性

图 2-4 所示是在放电电流不变条件下电池端电压与放电时间的变化曲线，从图中可以看出，在大部分放电过程中，电池端电压是稳定下降的，说明电池释放的能量与电池端电压的降低量之间存在着一定的关系。但到了放电末期，出现了一个转折电压，此时电池端电压急剧下降，表现为放电曲线斜率显著增加，这是因为电解液中 H_2SO_4 的浓度已经很低，电解液扩散到极板的速度不及放电的速度，在电解质不足的情况下，极板的电动势急剧下降，造成电池端电压的下降，此时应停止放电，否则会造成电池的过度放电，过放电会致使电池内部大量的 $PbSO_4$ 被吸附到电池的负极表面，造成电池负极"H_2SO_4 盐化"。由于 $PbSO_4$ 是一种绝缘体，它的形成必将对电池的充放电性能产生很大的负面影响，在负极上形成的硫酸盐越多，电池的内阻越大，电池的充放电性能就越差，从而使电池的寿命缩短。

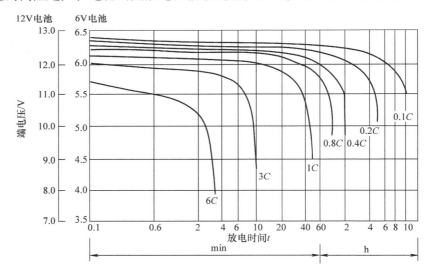

图 2-4 铅酸电池（NPH 品牌）端电压与放电时间的变化曲线（25℃）

4. 自放电性能

铅酸电池的正、负极都会发生自放电现象。正极自放电是由于在放置期间，正极活性物质发生分解，形成 $PbSO_4$ 并伴随着 O_2 析出。在正极的上端和下端，电极的孔隙和电极表面处酸的浓度不同，因而电极内外和上下形成了浓差电池。处在较稀 H_2SO_4 区域的 PbO_2 为负极，进行氧化过程而析出氧气；处在较浓 H_2SO_4 区域的 PbO_2 为正极，进行还原过程，PbO_2 还原为 $PbSO_4$。这种浓差电池在充电终了的正极和放电终了的正极都可形成，因此都有 O_2

析出。但是在电解液浓度趋于均匀后，浓差消失，由此引起的自放电也就停止了。

负极自放电是电池在开路状态下，Pb 的溶解导致容量损失，与 Pb 溶解的共轭反应通常是溶液中氢的还原过程，该过程的速度与 H_2SO_4 的浓度、储存温度、所含杂质和膨胀剂的类型有关。溶解于 H_2SO_4 中的氧也可以发生铅自溶的共轭反应。

5. 影响铅酸电池性能的因素

（1）影响电池容量大小的因素

影响电池容量大小的因素有结构因素和使用因素。结构因素有极板表面积、极板片数和极板的薄厚等，极板表面积越大，极板片数越多，参加反应的活性物质越多，容量越大。此外极板越薄，活性物质的多孔性越好，则电解液向极板内部的渗透越容易，活性物质利用率就越高，输出容量也就越大。

使用因素有放电电流、电解液温度、电解液密度等。放电电流越大，电池容量就越小。当放电电流增大时，化学反应速度加快，$PbSO_4$ 堵塞孔隙速度越快，导致极板内层大量活性物质不能参与反应，电池的实际输出容量减小。

（2）温度对铅酸电池性能的影响

温度对电池的容量和电动势影响很大，当电解液温度高时扩散速度增加、电阻降低，电池电动势也略有增加，因此铅酸电池的容量及活化物质利用率随温度的升高而增加。反之，当电解液温度降低时，其黏度增大，离子运动受到较大阻力，扩散能力降低。在低温下电解液的电阻也增大，电化学反应的阻力增加，导致电池容量下降。

图 2-5 所示是铅酸电池在不同温度下以 $0.3C$ 放电的放电曲线，从图中可以看出电池放出的容量随温度降低而下降，0℃与 25℃相比，电池可放出能量降低了约 10%。

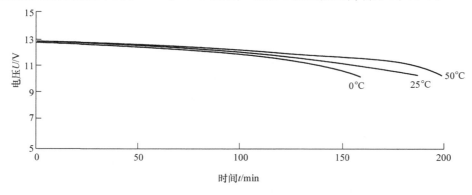

图 2-5　85A·h 铅酸电池在不同温度下以 $0.3C$ 放电的放电曲线

（3）放电深度对铅酸电池性能的影响

铅酸电池在不同放电深度下，电池充电接受能力具有很大的差别。这种差别直接反映为充电过程中恒流充电时间的变化。放电深度大，恒流充电时间长；反之，放电深度小，恒流充电时间短。图 2-6 所示为铅酸电池在不同放电深度下的电流充电时间曲线。

2.1.5　铅酸动力电池的应用

铅酸电池发明 150 多年来，广泛应用于人类生产和生活的各个方面。作为起动、点火、照明用电池，主要应用于汽车、摩托车、内燃机车和电力机车；作为工业用铅酸电池，主要

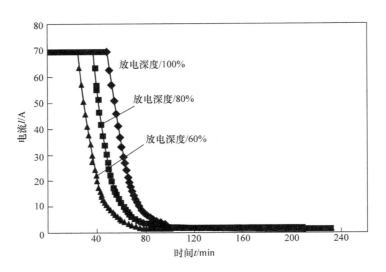

图 2-6　85A·h 铅酸电池在不同放电深度下电流充电时间曲线

应用于邮电、通信、发电厂和变电所开关控制设备以及计算机备用电源等；阀控密封式铅酸电池可应用于应急灯、不间断电源（UPS）、电信、广电、铁路和航标等；作为动力电池，主要应用于电动汽车、高尔夫车、电动叉车等。

1. 电动自行车

在我国，电动自行车应用密封式阀控铅酸电池（VRLA）。已经有十多年了，如图 2-7 所示，目前电池的制造技术和产品质量都有了很大的提高。

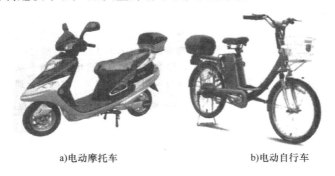

a)电动摩托车　　　　　　　　　　b)电动自行车

图 2-7　采用 VRLA 电池的电动摩托车和自行车

2. 电动牵引车

电动牵引车是制造工厂、物流中心等搬运产品的常用运输工具，主要采用富液管式铅酸电池或胶体 VRLA 电池作为动力电源，具有无污染、无噪声的优点，尤其是在需要举升重物时，铅酸动力电池还可以起到配重的作用。

3. 纯电动乘用车

采用铅酸动力电池作为动力来源的纯电动乘用车的典型代表是 1996 年美国通用汽车公司（GM）制造的 EV - 1，如图 2-8 所示。EV - 1 的最高车速为 100km/h，一次充电的续驶里程为 193km，电池重量 500kg，售价为 33995 美元。1999 年还推出了第二代 EV - 1。

铅酸电池存在充电、放电功能较差，能量和功率密度低，循环寿命短等缺陷。此外，铅酸电池含有重金属铅，对环境污染严重，且在强烈的碰撞下会产生爆炸，对消费者的生命安全构成威胁，而且随着锂离子电池的应用普及和价格下降，铅酸电池将面临在动力电池市场被淘汰的命运。目前在我国二三线城市和农村地区，以 VRLA 电池为动力源的低速纯电动汽车因其购车成本和使用成本低、环保低噪、驾驶技术要求低、安全等优点得到人们的欢迎。在我国许多省份，如山东、广东、河南等地有许多低速电动车企业受益于这种需求快速发展起来。

图 2-8　通用 EV - 1 电动车

2.2　镍氢动力电池的结构、工作原理及应用

碱性电池是以氢氧化钾（KOH）等碱性水溶液为电解液的蓄电池的总称，根据极板活性物质的不同，有锌银电池、铁镍电池、镍镉电池、镍氢电池等。碱性电池区别于铅酸电池的一大特点是电解液中的氢氧化钾不直接参与电极反应。和铅酸电池相比，碱性电池具有能量密度高、机械强度高、工作电压平稳、功率密度大的特点。

碱性动力电池主要有镍镉电池（Ni - Cd）和镍氢电池（Ni - MH）两种。镍镉电池的正极材料为球形氢氧化镍，充电时为 $NiOOH$，放电时为 $Ni(OH)_2$，其负极材料为海绵状金属镉或氧化镉粉以及氧化铁粉，电解液通常为氢氧化钾溶液。镍镉电池单体额定电压为 1.2V，具有机械强度高、密封性好、使用温度范围大、能耐受大电流等优点。但镍镉电池存在记忆效应，长期不彻底充电、放电，易在电池内留下痕迹，降低电池容量。比如，镍镉电池长期只放出 80% 的电量后就开始充电，一段时间后，电池充满电后也只能放出 80% 的电量。此外，镍镉电池会造成环境污染，有大量研究表明，在人体内，镉的半衰期长达 730 年，可蓄积 50 年之久，摄入或吸入过量的镉可引起肾、肺、肝、骨、生殖等系统癌症。1993 年，国际抗癌联盟就将镉定为 LA 级致癌物，镉及其化合物是不可降解的环境污染物，可通过废水、废气、废渣大量流入环境，产生环境污染及健康危害。基于环境保护的原因，许多发达国家已禁止使用镍镉电池。

镍氢电池是在镍镉电池的基础上发展起来的，相比镍镉电池，其最大的优点是不存在重金属污染。镍氢电池于 1988 年进入实用化阶段，1990 年在日本开始规模生产。现阶段在新能源汽车上应用最多的是以储氢合金为负极材料的镍氢电池，该种电池技术成熟、比功率大、寿命长、基本无记忆效应且工作温度范围宽，是混合动力汽车用动力电池的主体，也是至今量产的新能源汽车中应用量较大的一种电池。

2.2.1　镍氢电池的结构

镍氢电池的正极材料和镍镉电池一样，也是球形氢氧化镍，负极板的主要材料是镍的储氢合金。一个完整的单体镍氢电池由正极材料、负极材料以及具有保液能力和良好透气性的隔膜、碱性电解液、金属壳体、具有自动密封的安全阀及其他部件组成，如图 2-9 所示。采用隔膜相互隔离开的正、负极板呈螺旋状卷绕在壳体内，壳体用盖帽进行密封，在壳体和盖帽之间用绝缘材质的密封圈隔开。

负极板的储氢合金在进行吸氢/放氢化学反应（可逆反应）的过程中，也伴随着放热/吸热的热反应（可逆反应），同时产生充电/放电的电化学反应（可逆反应）。具有实用价值的储氢合金具有储氢量大、容易活化、吸氢/放氢的化学反应速率快、使用寿命长及成本低等特性。

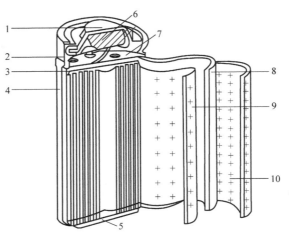

图 2-9 镍氢电池

1—正极盖帽 2—胶圈 3—集流体 4—电池钢壳（负极） 5—底部绝缘片 6—安全防爆孔
7—顶部绝缘片 8—隔膜纸 9—镍正极片 10—金属氢氧化物负极片

2.2.2 镍氢电池的工作原理

镍氢电池正极板的活性物质为 NiOOH（放电时）和 Ni（OH）$_2$（充电时），负极板的活性物质为 H$_2$（放电时）和 H$_2$O（充电时），电解液采用 30% 的氢氧化钾溶液，其电化学反应如下：

负极反应式：$x\text{H}_2\text{O} + \text{M} + x\text{e}^- \xrightarrow[\text{放电}]{\text{充电}} x\text{OH}^- + \text{MH}_x$

正极反应式：$\text{Ni（OH）}_2 + \text{OH}^- \xrightarrow[\text{放电}]{\text{充电}} \text{NiOOH} + \text{H}_2\text{O} + \text{e}^-$

电池总反应式：$x\text{Ni（OH）}_2 + \text{M} \xrightarrow[\text{放电}]{\text{充电}} x\text{NiOOH} + \text{MH}_x$

镍氢电池的反应与镍镉电池相似，只是负极充、放电过程中生成物不同。镍氢电池在充、放电过程中，正、负极板在进行电化学反应时不发生任何中间态的可溶性金属离子，电解液中没有任何组分消耗和生成，因而镍氢电池可以做成密封型结构。

镍氢电池的电解液多采用 KOH 水溶液，并加入少量的 LiOH，隔膜采用多孔维尼纶无纺布或尼龙无纺布等。镍氢电池放电时，正极上 NiOOH 得到电子还原成为 Ni（OH）$_2$；负极金属氢化物（MH$_x$）内部的氢原子扩散到表面形成吸附态氢原子，接着再发生电化学反应生成水和储氢合金。在镍氢电池出现过放电时，正极活性物质中的 NiOOH 已经消耗完了，这时正极上会发生水分子被还原为 H$^+$ 离子和 OH$^-$ 离子。负极上由于储氢合金的催化作用，使

OH⁻离子与 H⁺离子反应又生成水。

过充电时，正极上会析出 O_2，然后扩散到负极上发生去极化反应，生成 OH⁻离子。储氢合金既承担着储氢的作用，又起到催化剂作用，在电池出现过充和过放电时，可以消除由正极产生的 O_2 和 H_2，从而使电池具有耐过充、过放电的能力。但随着充、放电循环的进行，储氢合金的催化能力逐渐退化，电池的内压就会上升，最终导致电池漏液失效。

2.2.3　镍氢电池的特性

镍氢电池具有能量密度高，与同尺寸镍镉电池相比，其容量是镍镉电池的 1.5 ~ 2 倍；环境相容性好，无污染；可大电流快速充放电，充放电倍率高；无明显的记忆效应；低温性能好，耐过充放能力强等优点。工作电压与镍镉电池相同为 1.2V。镍氢电池的缺点是自放电率高与寿命短，但也能达到 500 次循环寿命和国际电工委员会的推荐标准。

镍氢电池的物理参数，如尺寸、质量和外观完全可与镍镉电池互换，电性能也基本一致，充放电曲线相似，放电曲线非常平滑，电快要消耗完时，电压才会突然下降，故使用时完全可替代镍镉电池，不需要对设备进行任何改造。

1. 充放电特性

镍氢电池充电特性曲线如图 2-10 所示，该曲线大致可分为三段。

开始时电压上升较快，然后比较平坦。这是由于 Ni（OH）$_2$ 导电性极差，但充电产物 NiOOH 导电性是前者的 10 倍，因而充电刚开始时，电压上升很快。有 NiOOH 生成后，充电电压上升速率降低，电压变得比较平坦。随着充电过程的进行，当充电容量接近电池的额定容量的 75% 左右时，储氢合金中的氢原子扩散速度减慢。由于氧在储氢合金中的扩散速度受负极反应速度的限制，以及此时正极开始逐步析出 O_2，充电电压就再次呈现快速上升的趋势。当充电量超过电池设计容量之后就进入过充电阶段。此时正极析出的 O_2 会在负极储氢合金表面进行还原、去极化，使负极电位正移，电池温度迅速升高，加之镍氢电池反应温度系数是负值，因此电池的充电电压就会下降。

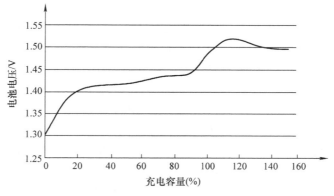

图 2-10　镍氢电池的充电特性曲线

镍氢电池常用恒流充电的方式进行充电，在充电过程中电池所达到的最高电压是镍氢电池的一个重要参数。充电电压越低，说明电池在充电过程中的极化越小，电池的充电效率就越高，电池的使用寿命就可能越长。

　　镍氢电池工作电压为 1.2V，指的是放电电压的平台电压。它是镍氢电池的重要性能指标。镍氢电池的放电性能随放电电流、温度和其他因素的变化而变化，如图 2-11 所示。电池的放电特性受电流、环境、温度等因素的影响，电流越大，温度越低，电池放电电压和放电效率就越低，且长期大电流放电对电池的寿命也会造成一定的影响。截止电压一般设定在 0.9～1.0V，如果截止电压设定得太高，则电池容量不能被充分利用，反之，则容易引起电池过放。

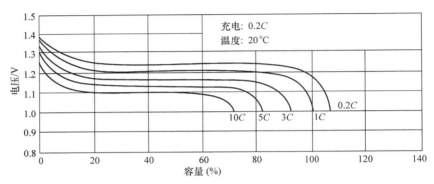

图 2-11　镍氢电池典型的放电性能（不同放电倍率下的放电曲线）

2. 容量特性

　　电池的实际容量受到理论容量的限制，但与实际放电机制和应用工况密切相关。在高倍率即大电流放电条件下，电极的极化增强，内阻增大，放电电压下降很快，电池的能量效率降低，电池的实际容量一般都低于额定容量。相应地，在低倍率放电条件下，放电电压下降缓慢，电池实际放出的容量常常高于额定容量。镍氢电池的充电电流、搁置时间、放电终止电压和放电电流等均会对放电容量产生影响。

　　当充电电流倍率增大，电极极化增加，将加剧镍氢电池中氧气析出的复合反应，导致充电效率和放电容量降低。

　　搁置时间对镍氢电池放电容量的影响本质上是镍氢电池的自放电问题。镍氢电池的自放电是由于金属氧化物不稳定引起的，这种不稳定性在刚充完电或高荷电状态时表现尤为明显，而后渐趋平衡和稳定，因而镍氢电池放电容量随搁置时间的延长而下降，搁置的开始阶段容量下降较快。

　　放电电流增大，电极极化也增大，电化学极化内阻就越大，其端电压相对较低。对于相同的放电终止电压来说，最终反映为放电容量测试结果较低。

　　放电终止电压直接影响放电时间，而放电容量实际是放电电流与放电时间的乘积，因而放电容量随放电终止电压的降低而增加。但镍氢电池的放电电压不能无限地降低，一般选定在 0.9V 左右，过低将出现过放电现象，影响镍氢电池的使用寿命。

3. 内压

　　镍氢电池内压产生的基本原因是电池在充放电过程中，正极析出氧气和负极析出氢气，从而产生电池的内压。镍氢电池的内压是一直存在的，通常都维持在正常水平，不会引起安全问题。但在过充电或过放电情况下，电池内压升高到一定程度，就有可能带来安全问题。

　　镍氢电池的内压与充电方式、荷电状态有关，当电池荷电状态达到 100% 以前，内压增加平缓，当荷电状态超过 100% 后，内压急剧增加。因此，过充电的镍氢电池存在一定的安全隐患。

试验数据表明，随着电池充电、放电循环次数的增加，内压也会逐渐升高，同时电池中氢、氧气体比例也会发生变化。镍氢电池中电解液的量也会影响电池内压，电解液过多会使内压升高。

4. 自放电和储存性能

电池的自放电主要是由电极材料、制造工艺、储存条件等多方面因素决定的。镍氢电池自放电受控于储氢合金电极。储氢合金电极的自放电可以分为可逆与不可逆两部分。可逆放电是由于电极合金的平台压力大于电池内压造成的，而不可逆部分是由于电极合金的不断氧化使合金失效所致。镍氢电池在自然搁置状态时容量的衰减速率很快，月自放电率达到 20% ~ 25%。

影响自放电速率的因素主要是电池储存的温度和湿度条件等。温度升高会使电池内正负极材料的反应活性提高，同时电解液的离子传导速度加快，隔膜等辅助材料的强度降低，从而使自放电反应速率大大提高。如果温度太高，就会严重破坏电池内的化学平衡，发生不可逆反应，最终会严重损害电池的整体性能。湿度的影响与温度条件相似，环境湿度升高也会加快自放电反应。一般来说，低温和低湿的环境条件下，电池的自放电率低，有利于电池的储存。但是温度太低也可能造成电极材料的不可逆变化，使电池的整体性能大大降低。

针对隔膜材料对镍氢电池自放电的影响，可以选用丙烯酸改性的聚丙烯（PP）隔膜来改善镍氢电池的荷电保持能力，降低电池的可逆自放电可以通过选择合适的合金组分，使其平台压力小于电池内压，降低电池的不可逆自放电可以通过选择合适的合金组分实现。镍氢电池自放电率较高，这不仅与正、负极材料，电解液和隔膜材料有关，而且还与电池的化成方法等有关。

电池的储存性能是指电池在一定条件下储存一定时间后主要性能参数的变化，包括容量的下降、外观情况和有无变形或渗液情况。国家标准均有对电池的容量下降和外观变化及漏液比例的限制。

电池在储存过程中容量下降主要是由电极自放电引起的，自放电率高对电池储存非常不利，所以一般镍氢电池都遵从即充即用的原则，不适宜较长时间放置。

镍氢电池的存放条件为：存放区应保持清洁、凉爽、通风；温度应在 10 ~ 25℃ 之间，一般不应超过 30℃；相对湿度以不大于 65% 为宜。

除了合适的储存温度和湿度条件外，还必须注意的是：

1）长期放置的电池应该采用荷电状态储存，一般可预充 50% ~ 100% 的电量后储藏。

2）在储存过程中，要保证至少每 3 个月对电池充电一次，以恢复到饱和容量；这是因为放完电的电池（放电到终止电压）在储存的过程中，一方面会继续自放电造成过放，另一方面电池内的正负极、隔膜和辅助材料经常会发生严重的电解液腐蚀和漏液现象，对电池的整体性能造成损害。

5. 温度特性

镍氢电池在中高温环境下，由于温度高有利于合金中氢原子的扩散，提高了合金的动力学性能，且电解液中 KOH 的电导率也随温度升高而增加，电池放电容量明显比低温时放电容量大。如果温度过高（一般超过 45℃），虽然电解质电导率大，电流迁移能力增强，迁移内阻减小，但电解液溶剂水分蒸发快，增加了电解液的欧姆内阻，两者相互抵消，放电容量将不再增加。

镍氢电池的正常存储温度是 –20～45℃，最佳存储温度是在 10～25℃。一般情况下，当温度降到低于 –20℃时，电池中的电解液会凝固，电池内阻会变得无穷大，电池内部可能发生不可逆的变化，导致电池无法激活到正常状态，甚至无法使用。当温度超过 45℃时，电池自放电速率大大加快，电解液会发生副反应而产生大量气体，电极片中的辅助材料可能变质失效，从而导致整个电池逐渐老化和容量衰减，甚至在短期内失效。

6. 循环寿命

镍氢电池的循环寿命受充放电湿度、温度和使用方法的影响。在当前的技术状态下，按照 IEC 标准充放电时，充放电循环可以超过 500 次。在电动车辆上应用，镍氢电池一般采用浅充浅放的应用机制，即 SOC 在 40%～80% 之间应用，因此电池的使用寿命可以达到 5 年以上，甚至达到 10 年以上。

镍氢电池失效的原因有多方面，主要归纳如下：

① 电解液的损耗。在电池的充放电循环过程中，镍氢电池的电解液会在电极和隔膜中重新分配，增加了电极和隔膜的表面积和孔隙率并导致电极膨胀，电池内压增大，从而导致气体（H_2 和 O_2）的泄漏，最终导致电解液的损耗。电解液的损耗将导致电池溶液内阻增大，电导率降低。

② 电极材料的改变。镍氢电池经一定次数的充放电循环后，负极中的锰、铝元素会发生偏析溶解，负极储氢合金表面逐渐被腐蚀氧化，在电极表面形成一层氢氧化物，合金体积发生膨胀、收缩，最后导致合金粉化，严重影响了电池在充放电过程中的吸氢放氧性能。

③ 隔膜的变化。随着电池充放电循环次数的增加，电池的隔膜结构会发生变化，隔膜的电解液保持能力下降，电池自放电增大，电池寿命缩短。另外，从电池电极上脱落下的电极材料逐渐堵塞隔膜上的孔隙，严重影响了镍氢电池中气体的渗透传输，进而增大了电池内阻，影响电池充放电性能，导致电池失效。

2.2.4　镍氢动力电池的应用

最早的碱性电池是瑞典的 W. Jungner 于 1899 年发明的镍镉电池（Cd – Ni）和爱迪生 1901 年发明的镍铁电池（Fe – Ni）。20 世纪 70～80 年代，镍镉电池曾用作电动车辆的动力电池，但随着新技术的发展以及认识到金属镉造成环境污染和对人的危害后，其使用量就逐年减少，以欧盟、美国为主的工业国家，已经出台法规或相关法律禁止镍镉电池的生产和应用。

1984 年，荷兰飞利浦公司成功研制了镍氢电池（MH – Ni）。由于镍氢电池与镍镉电池电压平台相同，在充放电特性方面相似，并且对环境友好，它成为取代镍镉电池的理想产品。20 世纪 90 年代开始，镍氢电池成为蓄电池市场的主流产品，在多种电子产品上广泛应用，并成为混合动力汽车的主流动力电源。

由于镍氢电池可以满足混合动力汽车高功率密度的要求，该类电池目前在混合动力汽车，尤其是在日系车型中应用广泛，图 2-12 所示为镍氢电池组在丰田普锐斯、凯美瑞混合动力汽车中的布置。丰田第一代混合动力汽车普锐斯的动力电池采用的就是 288V，6.5A·h 的镍氢动力电池。该电池组可以通过发电机和电动机实现充放电，且输出功率大、重量轻、寿命长、耐久性好，丰田凯美瑞混合动力车也采用了该镍氢电池组。

图 2-12　镍氢电池组在丰田普锐斯、凯美瑞混合动力汽车的布置

　　此外，本田思域、福特 Escape 以及大众公司的新途锐混合动力汽车也都采用了镍氢电池作为动力电源，如图 2-13 所示。新途锐混合动力汽车是大众汽车旗下第一款采用电驱动技术的车型。该车型通过结合电力驱动、车辆滑行、能量回收和起动 – 停车系统四个方面的技术，使得这辆重达 2.3t 的 SUV 在城市路况的燃油效率较同级别车型提高了 25%；在城市、高速公路和乡间的综合路况，平均油耗则降低了 17%。

图 2-13　新途锐混合动力车采用的镍氢电池

2.3　锂离子动力电池的结构、工作原理及应用

　　通常所说的锂电池，一般包括锂原子电池和锂离子电池。锂原子电池也叫锂金属电池，以二氧化锰为正极材料，金属锂或其合金为负极材料，在外电路接通后，负极金属锂放出电子，与正极二氧化锰结合形成锰酸锂。但它不能通过充电把锰酸锂变回金属锂，负极金属锂用光了，电池就报废了，因此称它为原电池，不能反复充、放电。

　　锂离子电池是蓄电池，可以多次进行充放电使用，它主要依靠锂离子在正负电极间的往返嵌入和脱嵌，来完成电池的充电和放电过程。自 20 世纪 90 年代锂离子电池面世以来，就以其能量密度高、循环寿命长、无记忆效应、环境友好等优点成为动力电池应用领域研究的热点。近年来，锂离子电池已经成为电动汽车用动力电池的主体。

2.3.1 锂离子电池的结构

锂离子电池基本都由正极、负极、电解质及隔膜组成，如图2-14所示，另外加上正负极引线、安全阀、正温度控制端子（PTC）、电池壳等。

1. 正极

锂离子电池正极材料常采用能使锂离子较为容易地嵌入和脱出，并能同时保持结构稳定的过渡金属氧化物。在充、放电循环过程中，锂离子会在金属氧化物的电极上进行反复的嵌入和脱出反应，作为嵌入式电极材料的金属氧化物，依其空间结构的不同可分为以下三种类型。

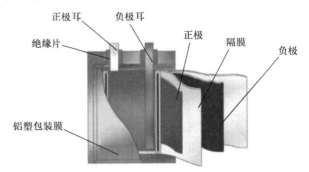

图 2-14　锂离子电池的内部结构

（1）层状化合物

层状正极材料中目前研究比较成熟的是钴酸锂（$LiCoO_2$）、镍酸锂（$LiNiO_2$）和镍钴锰酸锂（$Li(NiCoMn)O_2$）三元锂电池。钴酸锂具有放电电压高、性能稳定、易于合成等优点，但钴资源稀少，价格较高，并且有毒，污染环境。目前钴酸锂电池主要应用在手机、笔记本计算机等中小容量消费类电子产品中。镍与钴的性质非常相近，而价格却比钴低很多，并且对环境污染较小。三元锂电池综合性能比较好，目前是所有锂离子电池中在电动汽车中应用最广泛的一种。

（2）尖晶石型结构

锰酸锂（$LiMn_2O_4$）是尖晶石型嵌锂化合物的典型代表。Mn元素含量丰富，价格便宜，毒性远小于过渡金属Co、Ni等，主要缺点是电极的循环容量容易迅速衰减。

目前锰酸锂离子电池已经大量应用在运营的电动车上，2008年北京奥运会期间运行的纯电动客车和2010年上海世博会的部分电动客车就采用了单体$90A \cdot h$的锰酸锂离子电池。日产公司推出的leaf纯电动汽车和三菱公司推出的i-MiEV纯电动汽车，均采用了该类型锂离子动力电池。

（3）橄榄石型结构

磷酸铁锂（$LiFePO_4$）在自然界以磷酸铁锂矿的形式存在，属于橄榄石结构。磷酸铁锂实际最大放电容量高达$165mA \cdot h/g$，非常接近理论容量，工作电压在$3.2V$左右，并且磷酸铁锂中的强共价键作用使其在充放电过程中能保持晶体结构的高度稳定性，因此具有比其他正极材料更高的安全性能和更长的循环寿命。另外磷酸铁锂具有原材料来源广泛、价格低廉、无环境污染、比容量高等优点。

2. 负极

负极材料是决定锂离子电池综合性能优劣的关键因素之一，比容量高、容量衰减率小、安全性能好是对负极材料的基本要求。

（1）碳材料

碳材料是目前商品化的锂离子电池应用最为广泛的负极材料，碳负极材料包括石墨和无定形碳，石墨是锂离子电池碳材料中应用最早、研究最多的一种，其具有完整的层状晶体结构。石墨的层状结构，有利于锂离子的脱嵌，能与锂形成锂－石墨层间化合物，与提供锂源的正极材料匹配性较好，所组成的电池平均输出电压高，是一种性能较好的锂离子电池负极材料。

（2）氧化物负极材料

氧化物是当前人们研究的另一种负极材料体系，包括金属氧化物、金属基复合氧化物和其他氧化物。前两者虽具有较高理论比容量，但因从氧化物中置换金属单质消耗了大量锂而导致巨大容量损失，抵消了高容量的优点。$Li_4Ti_5O_{12}$ 具有尖晶石结构，充放电曲线平坦，放电容量为 150mA·h/g，具有非常好的耐过充、过放特征，充放电过程中晶体结构几乎无变化（零应变材料），循环寿命长，充放电效率近 100%，目前在储能型锂离子电池中有所应用。

（3）金属及合金类负极材料

金属锂是最先采用的负极材料，理论比容量为 3860mA·h/g。20 世纪 70 年代中期，金属锂在商业化电池中得到应用，但因充电时，负极表面会形成枝晶，导致电池短路，于是人们开始寻找金属合金来替代金属锂的负极材料。

金属合金最大的优势就是能够形成含锂很高的锂合金，具有很高的比容量，相比碳材料，合金较大的密度使得其理论体积比容量也较大。同时，合金材料由于加工性能好、导电性好等优点，被认为是极有发展潜力的一种负极材料。

3. 电解质

电解质一般采用溶解有锂盐的有机制剂，可分为液态锂离子电池（Lithium Ion Battery，LIB）和聚合物锂离子电池（Polymer Lithium Ion Battery，LIP）两大类。它们的主要区别在于电解质的状态不同，液态锂离子电池使用的是液体电解质，而聚合物锂离子电池则以聚合物电解质来代替。不论是液态锂离子电池还是聚合物锂离子电池，它们所用的正负极材料都是相同的，工作原理也基本一致。

4. 隔膜

隔膜在正负极之间起到绝缘作用，隔膜上的微孔只允许 Li^+ 往返通过，阻止电子 e^- 通过。

2.3.2　锂离子电池种类及命名的规则

从外形上看，目前用于电动汽车的锂离子电池有圆柱形锂离子电池（图 2-15）和方形锂离子电池（图 2-16）两种硬壳，此外还有软包式锂离子电池（图 2-17）。方形和圆柱形锂离子电池一样，盖子上也有一种特殊加工的破裂阀，以防止电池内压过高而可能出现的安全问题。这种阀一旦打开，电池即失效报废。

锂离子电池多以正极材料作为命名的标准，例如磷酸铁锂电池，就是指用磷酸铁锂作为正极材料的锂离子电池；三元锂电池是指正极材料使用镍钴锰酸锂（$Li(NiCoMn)O_2$）的锂离子电池，是以镍盐、钴盐、锰盐为原料，其中镍钴锰的比例可以根据实际需要调整；此外还有用钴酸锂和锰酸锂作为动力电池正极材料的锂离子电池。但钛酸锂电池却打破以石墨为负极材料的传统电池技术路线，改以钛酸锂为负极材料，这让它成为同行眼中的异类。

41

图 2-15　圆柱形锂离子电池　　　图 2-16　方形锂离子电池　　　图 2-17　软包锂离子电池

如果从能量密度、成本、安全性、热稳定性、循环寿命 5 个关键指标来考量动力电池的性能，目前磷酸铁锂电池和三元锂电池在这 5 个方面都不具有绝对优势，这才导致锂离子动力电池正极材料技术路线的差异。比亚迪 e6、北汽 EV160、腾势等一些电动汽车生产厂商均将磷酸铁锂电池作为车辆的动力源，但北汽更多的车型却选择三元锂电池，国外的车型如特斯拉、宝马、日产等也多选用三元锂电池。磷酸铁锂电池热稳定性是目前车用锂电池中最好的，当电池温度处于 500～600℃ 高温时，其内部化学成分才开始分解，而同属锂电池的钴酸锂电池在 180～250℃ 时内部化学成分就已处于不稳定状态。但磷酸铁锂电池的劣势是能量密度低，续驶能力差，其能量密度在 100～120W·h/kg，而镍钴铝（NCA）和镍钴锰（NCM）三元材料电池能量密度要比磷酸铁锂高出 50%，目前普遍在 150～180W·h/kg，特斯拉的 NCA 三元材料电池能量密度据报道已经达到 200W·h/kg。另外磷酸铁锂电池还有一个致命性的缺点，那就是低温性能较差，即使将其纳米化和碳包覆也没有解决这一问题。研究表明，一块容量为 3500mA·h 的电池，如果在 -10℃ 的环境中工作，经过不到 100 次的充放电循环，电量将急剧衰减至 500mA·h，基本就报废了。而三元锂电池存在争议的一点是材质的稳定性不如磷酸铁锂电池。三元锂材料会在 200℃ 左右发生分解，并且三元锂材料的化学反应更加剧烈。而磷酸铁锂在 700～800℃ 时才发生分解，不会像三元锂材料一样释放氧分子，燃烧没那么剧烈。所以三元锂电池 2016 年后一段时间被我国禁止在客车上使用。为了提高安全性，降低成本，增加使用寿命，特斯拉一方面继续发挥其优势，在热失控技术方面进行革新，同时兴建超级电池工厂 Gigafactory 大规模量产 20700 单体，依靠规模降低成本，我国的电池厂商也在通过不同的方式来解决相关的技术问题。

2.3.3　锂离子电池的工作原理

虽然锂离子电池种类繁多，但工作原理大致相同。目前常用磷酸铁锂和镍钴锰酸锂三元材料。这些材料的分子形成了纳米等级的细小晶体格子结构，可用来嵌入储存锂原子。即便是电池外壳破裂，接触氧气，也会因氧分子太大，进入不了这些细小的晶体格子内，使得锂原子不会与氧气接触而剧烈反应导致爆炸。锂离子电池的这种结构，使得在获得高容量密度的同时，也达到安全的目的。锂离子电池充电时，正极的锂原子会丧失电子，在有外电路连接的情况下，就会形成电流，此时锂原子氧化为锂离子并经由电解液游到负极去，进入负极的储存晶格，并获得一个电子，还原为锂原子。放电时，整个过程相反。为了防止电池的正负极直接碰触而短路，电池正负极之间加上一层带有微孔的有机隔膜。有机隔膜微孔直径只允许锂离子往复通过，由于电子直径比锂离子直径大，不能通过隔膜。隔膜还可以在电池温度过高时，自动关闭微孔，让锂离子无法穿越，防止危险发生。

1. 充电过程

锂离子电池的充电过程如图 2-18 所示。充电时，锂离子电池正极材料上的锂分成锂离子和电子，电子通过外部电路跑到负极上，Li⁺ 从正极脱嵌进入电解液里，穿过隔膜上弯弯曲曲的小洞，嵌入到达晶状体结构负极，与外部跑过来的电子结合在一起，导致负极处于富锂状态。

2. 放电过程

锂离子电池的放电过程如图 2-19 所示。电池放电时，电子和 Li⁺ 同时行动，电子从负极经过外电路导体跑到正极，Li⁺ 从晶状体结构负极脱插进入电解液里，穿过隔膜上弯弯曲曲的小洞，嵌入正极晶体空隙，与外电路过来的电子结合在一起。

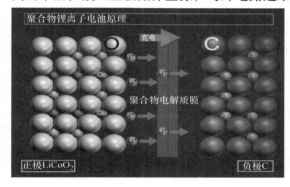

图 2-18　锂离子电池的充电过程

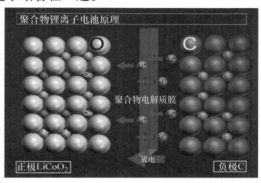

图 2-19　锂离子电池的放电过程

3. 摇椅现象

从电池内电路来看，充电时锂离子嵌入负极，放电时锂离子又嵌入正极，锂离子像坐摇椅一样，在正极和负极之间来回移动，所以锂离子电池又称为"摇椅电池"。

在充电过程中，电池在外部充电器电压的作用下，随着锂离子从正极向负极移动，电池储存的电量越来越多，正负极之间的电压越来越高，直到充满。放电过程中，锂离子从负极向正极移动，电池储存的电量越来越少，电池的正负极电压越来越低，直到放电终了。电池正负极材料的晶体结构，在锂离子迁移过程中会出现变化，如果过充电严重时会导致负极晶格堵塞，过放电会导致负极晶格塌落，因此锂离子电池一般不能单独使用，必须与充放电控制电路组合使用。

2.3.4　锂离子电池的性能特点

1. 充放电特性

锂离子电池充电从安全、可靠及兼顾充电效率等方面考虑，通常采用两段式充电方法。第一阶段为恒流限压，第二阶段为恒压限流。锂离子电池充电的最高限压值根据正极材料不同而有一定的差别。锂离子电池基本充放电电压曲线如图 2-20 所示。图中曲线采用的充放电电流均为 0.3C，其中 AB 段为充电电压变化曲线，BC 段为放电前期电压变化曲线，CD 段为放电后期电压变化曲线。

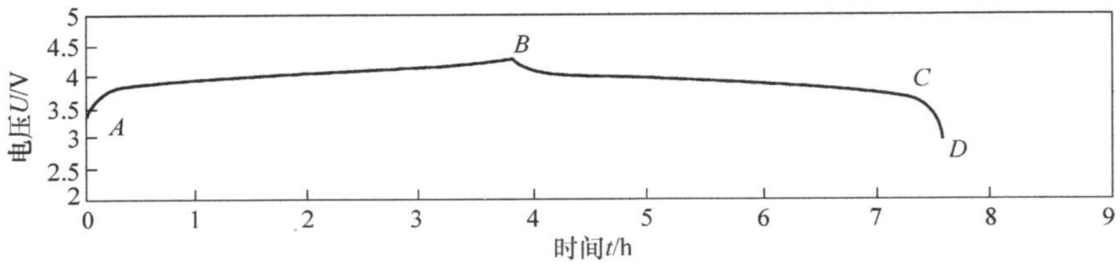

图 2-20　锂离子电池基本充放电电压曲线

对于不同的锂离子电池，区别主要有两点：

① 第一阶段恒流值，根据电池正极材料和制造工艺不同，最佳值存在一定的差别。一般采用电流范围为 $0.2 \sim 0.3C$。

② 不同锂离子电池在恒流时间上存在很大的差别，恒流可充入容量占总体容量的比例也存在很大差别。

从电动汽车实际应用角度出发，恒流时间越长，充电时间越短，更有利于应用。此外锂离子电池放电在中前期电压稳定，下降缓慢，但在放电后期电压下降迅速，如图 2-20 中 CD 段所示，因此在此阶段要进行有效控制，防止过度放电，造成电池的不可逆损害。

（1）充电特性的影响因素

影响充电特性的主要因素有充电电流、放电深度和充电温度。充电电流大的内阻能耗大，在实际电池应用中，应综合考虑充电时间和效率，选择适中的充电电流。而放电深度增加，充电所需时间增加，恒流充电时间所占总充电时间比例增加，恒流充电容量占所需充入容量的比重增加；随环境温度降低，电池的可充入容量明显降低，而充电时间明显增加。

（2）放电特性的影响因素

在同样的温度、放电终止电压下，不同的放电电流，可放出的容量和能量有一定的差别。电流越小，可放出容量越多。

2. 安全性

锂离子电池在热冲击、过充、过放和短路等滥用情况下，其内部的活性物质及电解液等组分间将发生化学、电化学反应，产生大量的热量与气体，使得电池内部压力在一定程度下可能导致电池着火，甚至爆炸。

提高锂离子电池安全性的措施有：

① 使用安全型锂离子电池电解质，如采用阻燃电解液，使用固体电解质，代替有机液态电解质等。

② 提高电极材料热稳定性。一种方法是对负极材料的表面包覆，如在石墨表面包覆无定形碳或金属层；另一种方法是在电解液中添加成膜添加剂，在电极材料表面形成稳定性较高的固体电解质界面膜（SEI），有利于获得更好的热稳定性。

此外还可以通过体相掺杂、表面处理等手段提高正极材料热稳定性。

3. 温度对锂离子电池使用性能的影响

① 温度对可用容量比率的影响。正常应用温度范围内，锂离子电池温度越高，工作电压平台越高，电池的可用容量越多。但是长期在高温下工作会造成锂离子电池的容量迅速下降，从而影响电池的使用寿命，并极有可能造成电池热失控。

② 温度对电池内阻的影响。直流内阻是表征动力电池性能和寿命状态的重要指标。电

池内阻较小，在许多工况常常忽略不计，但动力电池处于电流大、深放电工作状态，内阻引起的压降较大，此时内阻的影响不能忽略。

4. 锂离子电池不能过充过放的原因

放电时，锂离子不能完全移向正极，必须保留一部分锂离子在负极，以保证下次充电时锂离子可以畅通嵌入通道，否则，电池寿命就相当短。为了保证碳层中放电后留有部分锂离子，也就是锂离子电池不能过放电，这就要严格限制放电终止最低电压；同时，根据锂离子工作原理，最高充电终止电压应为 4.2V，不能过充，否则会因正极材料中的锂离子移走太多时，造成晶格坍塌，而使电池表现出寿命终结状态。由此可见，锂离子充、放电控制精度要求相当高，既不能过充，也不能过放，否则都将影响电池寿命，这是由锂离子电池的工作机理所决定的。

5. 锂离子电池的优点

① 工作电压高。例如钴酸锂工作电压为 3.6V，锰酸锂工作电压为 3.7V，磷酸铁锂工作电压为 3.2V。

② 比能量高。锂离子电池理论比能量可达 $200W \cdot h/kg$ 以上，实际应用中也可达 $140W \cdot h/kg$。

③ 循环寿命长。锂离子电池深度放电循环次数可达 1000 次以上，低放电深度循环次数可达上万次。

④ 自放电小。锂离子电池月自放电率仅为总容量 5% ~ 9%。

⑤ 无记忆效应。

⑥ 环保性高。锂离子电池不含汞、铅、镉等有害元素，是真正意义上的绿色电池。

2.3.5　锂离子电池的应用

1. 在便携式电器方面的应用

目前移动电话、笔记本计算机、微型摄像机等需要便携式电源的用电器已经成为人们生活中不可缺少的一部分，在其电源选用方面，无一例外地都选择锂离子电池作为市场的主流。据统计，全球手机产量每年近 10 亿部，全球每年生产笔记本计算机约 14 亿台，形成了庞大的锂离子电池应用市场，在此领域钴酸锂、锰酸锂及三元锂离子电池占有主导地位。

2. 在交通行业的应用

在电动汽车开发方面，锂离子动力电池已经成为主流。在国内众多汽车研制和生产企业开发的电动汽车 80% 以上车型都采用了锂离子电池，并有逐步扩大的趋势，其主要使用的动力电池是磷酸铁锂和三元锂电池（镍钴锰酸锂），2015 年市场上 49 款新能源车型中有 33 款都采用三元材料锂电池。例如，北汽新能源公司的 EV200 和 EV300 采用的是其与韩国 SK 合作生产的三元锂电池，上汽荣威 E50 采用 LG 公司生产的三元锂电池，知豆 D2 采用多氟多生产的三元锂电池等。

比亚迪 e5 和 e6、秦 EV300、腾势 EV，插电式混合动力汽车秦、唐都采用磷酸铁锂电池。

国际上，如日产公司的 Leaf、三菱公司的 i MIEV 以及通用公司的 Volt，美国的特斯拉等电动汽车也均采用了锂离子电池。

从电池性能来说，三元锂电池具有能量密度高，续驶里程相对较长的优势，国内外车企乘用车纷纷转向使用三元锂电池，包括北汽、比亚迪、江淮、奇瑞等公司。但三元锂电池也存在安全性差、耐高温性差、寿命短等缺点。

相比三元锂电池，磷酸铁锂电池具有安全性能稳定、高温性能好、重量轻等优势，主要活跃在电动客车市场，但也存在低温性能差，能量密度低等缺陷，在乘用车等动力电池方面不具有优势。

3. 在军事装备及航空航天事业中的应用

在军事装备中，锂离子电池主要用作动力起动电源、无线通信电台电源、微型无人驾驶侦察飞机动力电源等，此外，诸如激光瞄准器、夜视器、飞行员救生电台电源、船示位标电源等现在也普遍采用锂离子电池。在航天领域，锂离子电池已经用于地球同步轨道卫星和低轨道通信卫星，作为发射和飞行中校正、地面操作的动力。

4. 锂离子电池的其他应用

由于自身的结构特点和特殊的工作原理，决定了锂离子电池原材料丰富、环保、比容量高、循环性能和安全性能好等特点，在医疗行业（例如，助听器、心脏起搏器等）、石化行业（例如，采油动力负荷调整）、电力行业（例如，储能电源）等均具有广阔的应用前景。锂离子电池在追求能源绿色化的今天，具有更加重要的意义。

锂离子电池的应用领域与性能要求见表2-2。

表2-2 锂离子电池的应用领域与性能要求

电池类别	应用领域	特 点	电池性能要求
便携式电器电池（高能量）	小型电器、信息、通信、办公、教学、数字娱乐	电器更新快、2~3年寿命周期、恒功率工作，对电池倍率性能、工作温度、成本、循环性能要求不高	电池能量密度高于150W·h/kg，100% DOD 200~300次
储能电池（长寿命）	小型储能电池、UPS、太阳能、燃料电池、风力发电等分散式独立电源系统储能	对电池功率和能量密度要求不高，体积和重量要求相对较低	0~20年使用寿命，免维护，性能稳定，价格低，较好的温度特性和较低的自放电率
动力电池（高功率）	各种电动车辆、电动工具、大功率器具	要求高功率密度、安全性、温度特性，低成本、自放电方面有较高的要求	目前水平：800~1500W/kg，目标2000W/kg以上
微型电器	无线传感器、微型无人飞机、植入式医疗装置、智能芯片、微型机器人、集成电路	电器维护困难、对稳定性、寿命要求较高	要求寿命长，稳定性好

2.4 其他类型动力电池的结构、工作原理及应用

除铅酸电池、镍氢电池、锂离子电池之外，还有多种动力电池因其在能量密度、功率密度、使用寿命或安全性等一个或几个方面的优良特性，目前正在某些电动车辆上进行应用或

研究实验，这些电池或将成为未来应用的热点和重点。

2.4.1　锌空气电池

1. 工作原理

锌空气电池主要由空气电极、电解液和锌极板构成，如图 2-21 所示。它用多孔活性炭吸附空气中的氧作为正极活性物质，金属锌作为负极活性物质，铂或其他材料作为催化剂，使用碱性电解质。

锌空气电池的工作原理是：氧气经多孔活性炭电极扩散到达催化层，在催化剂微团表面的三相界面处与水发生反应，吸收电子，生成 OH^-，阴极的锌与电解液中的 OH^- 发生电化学反应，生成 ZnO 和 H_2O，并释放出电子，电子被集电层收集起来，在外电路中产生电流。

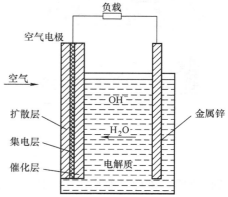

图 2-21　锌空气电池的结构

负极化学反应式：$Zn + 2OH^- \rightarrow ZnO + H_2O + 2e^-$

正极化学反应式：$O_2 + 2H_2O + 4e^- \rightarrow 4OH^-$

电池化学反应式：$2Zn + O_2 \rightarrow 2ZnO$

2. 锌空气电池的分类

锌空气电池根据其充电方式，以及在电动车辆上的应用情况可分为三类。

（1）直接再充式锌空气电池

它是直接对锌空气电池的锌电极充电，使电池成为反复使用的蓄电池。但锌在碱性溶液中的电化学活性很大，同时热力学性质不稳定，充电产物锌酸盐在强碱溶液中的溶解度较高，容易出现电极变形、枝晶生长、自腐蚀及钝化等现象，从而导致电极逐渐失效。另外，空气电极可逆性差，在大气环境中电解液容易碳酸化，且电解液受空气湿度的影响较大。当空气相对湿度较低时，电池将损失水分，导致电解液不足使电池失效；当空气相对湿度较高时，电解液变稀，导电率降低，还有可能淹没气体电极的催化层，降低电极活性，从而导致电池失效。因此，直接再充式锌空气电池的应用受到了一定的限制。

（2）机械充电式锌空气电池

机械式充电是指在电池完全放电后，将电池中用过的锌电极取出，换入新的锌电极，或者将整个电池组进行完全更换，整个过程控制在较短的时间内（3 ~ 5min）。使用过的锌电极或锌空气电池可在专门锌回收利用厂进行回收再加工，实现绿色环保无污染生产。

以以色列研制的该类电池为例，锌空气电池比能量达到 $180 ~ 220W \cdot h/kg$。整个电池组由 24 个模块组成，总能量为 $150kW \cdot h$，质量约 800kg，其中采用的电池模块由 22 块电池单体组成，容量和能量分别达到 $250A \cdot h$ 和 $625kW \cdot h$。

该电池组更换一次锌电极可以使得车辆续驶里程超过 300km，已成功应用于德国邮政车辆，锌电极更换和再利用工作由专门的电池更换站来完成。图 2-22 所示为锌电极更换和再生的示意图。

（3）注入式锌空气电池

注入式锌空气电池的基本原理与机械充电式锌空气电池相似，本质上都是采用更换锌极

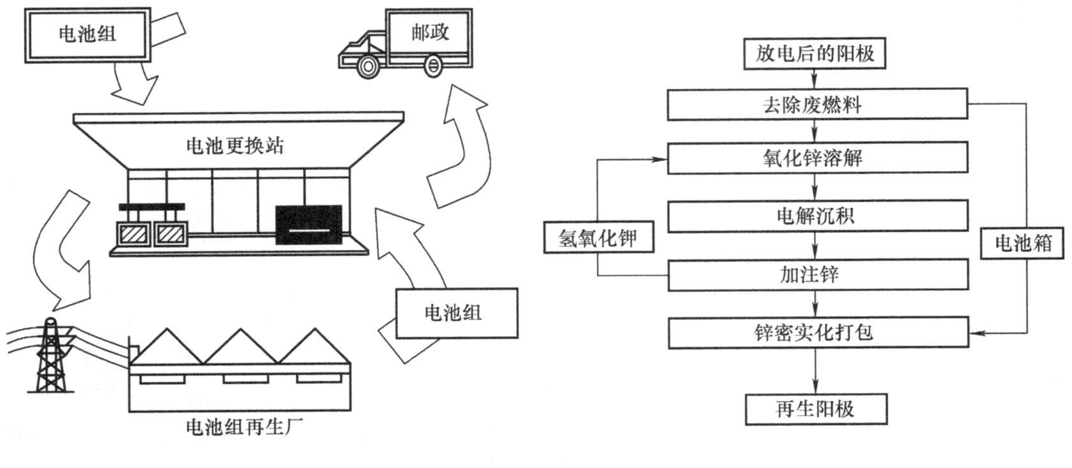

图 2-22　锌电极更换和再生示意图

活性物质。该种电池是将配制好的锌膏源源不断地通过挤压或压力送入电池内，同时将反应完毕的混合物抽取到电池外，这样在电动车辆上应用时，电池系统只需携带盛放锌膏的燃料罐，燃料罐加注足够的锌膏燃料就可实现车辆的连续行驶。

3. 锌空气电池的应用

1995 年，以色列电燃料（Electric Fuel）有限公司首次将锌空气电池用于载重 1000kg、总重 3500kg 的电动邮车上，使得锌空气电池进入了实用化阶段。实验结果为：电池比能量达到 207W·h/kg；350kg 的锌空气电池使电动邮车行驶了 300km，最高车速可达 120km/h，从静止加速到 80km/h 时间为 12s，更换锌粒匣和灌满电解质的时间为 2min。以色列还设有每小时能处理 10kg 锌的再生处理厂，可以为 10～15 辆电动邮车提供更换锌粒匣服务。

此外美、德、瑞典等都在电动汽车上积极推广锌空气电池。

美国 Dreisback Electromotive 公司开发的锌空气电池，已在公共汽车和总重 9t 的货车上使用，公共汽车可连续行驶 10h 左右，货车最大续驶里程达 113km。

德国奔驰汽车公司的 MB410 型电动厢式车采用 150kW·h 的锌空气电池，从法国的 Chambery 城越过阿尔卑斯山，连续爬坡 150km，公路全程 244km，到达意大利的都灵，仅消耗了 65% 的电量（97.5kW·h）。该车从德国的不莱梅到波恩，最高车速达到 120 km/h，一次充电后走完 425km 的路程。

瑞典斯德哥尔摩市的电动货车、客车和服务车辆上的锌空气电池比能量 180W·h/kg，比功率 100W·h/L，续驶里程 350～425km。该市的锌空气电池废料回收处理能力为 250kg/h，可为 150 辆电动汽车提供再生的锌粒。

我国部分厂家也已经在注入式锌空气电池方面开展了多年的研究工作，并且在部分电动车辆上进行了实验性装车测试。2010 年，北京市安排 5 辆电动大客车和环卫车，在北京市政府指定的线路进行路试，投入市公交和环卫系统的试验运行，为市场化运作提供可靠的依据。

4. 锌空气电池的优点

① 容量大：空气电极的活性物质氧气来自周围的空气，材料不占用电池空间，在相同

体积、重量的情况下，锌空气电池就储存了更多的反应原料，因而容量就会高出很多。

② 能量密度高：锌空气电池的能量密度理论可达 1350W·h/kg，目前已研制成功的锌空气电池比能量已经可以达到 200W·h/kg 以上，是铅酸电池的 5 倍。

③ 价格低廉：阴极活性物质氧气来自空气，除了空气催化电极之外，不需要任何高成本组件；阳极活性物质锌来源充足，资源丰富，价格便宜，并且锌可回收利用，价格可进一步降低。

④ 储存寿命好：锌空气电池在储存过程中均采用密封措施，将电池的空气孔与外界隔绝，因而电池的容量损失极小，储存寿命好。

⑤ 锌可以回收利用、制造成本低：锌来源丰富，生产成本较低、回收再生方便，且再生成本较低。

⑥ 绿色环保：锌空气金属燃料电池负极物质放电完毕后变成氧化锌，可通过电解还原成锌。在使用完毕后，正负极物质容易分离，便于集中回收。由于锌空气金属燃料电池内无有害物质，不会造成环境污染。

5. 锌空气电池在应用中存在的问题

① 防止电解液中水分的蒸发或电解液的吸潮。

② 避免锌电极的直接氧化。

③ 防止锌枝晶的生长。

④ 提高空气电极催化剂活性。

⑤ 控制电解液的碳酸化。

⑥ 解决电池的发热和温升问题。

2.4.2　飞轮电池

飞轮电池是 20 世纪 70 年代提出的新概念电池，它突破了化学电池的局限，用物理方法实现储能，最初的应用对象就是电动汽车，但由于当时的技术限制，没有得到实际应用。直到 90 年代，碳纤维技术的广泛应用才使这种电池得到了高速发展，目前伴随着轴承技术的发展，飞轮电池已展示出广阔的应用前景。

1. 飞轮电池的结构和原理

飞轮电池包括飞轮、轴、轴承、电机、真空容器和电力电子变换器，主要结构如图2-23所示，其中飞轮是整个装置的核心部件，它直接决定了整个装置的储能多少。电力电子变换器通常是由金属－氧化层半导体场效晶体管（MOSFET）和绝缘栅型晶体管 IGBT 组成的双向变换器，它们决定了飞轮装置能量输入输出量的大小。

如图 2-24 所示，飞轮电池的工作原理是外部电能经电力电子变换器输入，驱动电动机旋转，电动机带动飞轮旋转，飞轮储存动能（机械能）。当外部负载需要能量时，用飞轮带动发电机旋转，将动能转化为电能，再通过电子变换器变成负载所需要的各种频率、变压等级的电能，以满足不同的需求。由于电能输入、输出是彼此独立的，设计时常将电动机和发电机用一台电机来实现，输入输出变换器也合并成一个，这样就可以大大减少系统的大小和重量。充电时，飞轮电池中的电机以电动机形式运转，在外电源的驱动下，电动机带动飞轮高速旋转；放电时，电机则以发电机状态运转，在飞轮的带动下对外输出电能，完成机械能到电能的转换。在实际工作中，飞轮的转速至少为 40000～50000r/min，最高可达

200000r/min，一般金属制成的飞轮无法承受这样高的转速，所以飞轮一般都采用碳纤维制成，以减小整个系统的重量。为了减少充放电过程中的能量损耗，电机和飞轮都采用磁悬浮轴承以减少机械摩擦，同时将飞轮和电机放置在真空容器中，以减少空气摩擦，这样飞轮电池的输入输出效率可达95%左右。

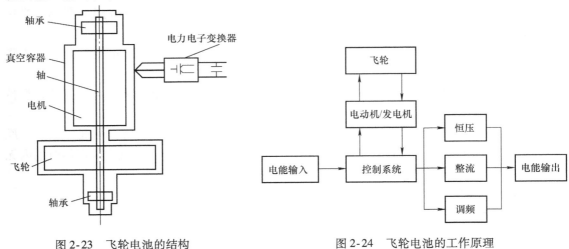

图2-23 飞轮电池的结构   图2-24 飞轮电池的工作原理

2. 飞轮电池的特性

飞轮电池兼顾了化学电池、燃料电池和超导电池等储能装置的诸多优点，主要体现在如下几个方面。

① 能量密度高。飞轮电池储能密度可达 100 ~ 200W·h/kg，功率密度可达 5000 ~ 10000W/kg。

② 能量转换效率高。飞轮电池工作效率高达 90% ~ 95%。

③ 工作温度范围宽。飞轮电池对环境温度没有严格要求，工作温度范围宽。

④ 使用寿命长。飞轮电池不受重复深度放电影响，能够循环几百万次运行，预期使用寿命20年以上。

⑤ 低损耗、低维护。磁悬浮轴承和真空环境使飞轮电池的机械损耗可以被忽略，系统维护周期长。

飞轮电池目前也存在一些缺点：

① 因为实际中飞轮转速可达40000~50000r/min，一般金属制成的飞轮无法承受这样高的转速，容易解体，所以飞轮一般都采用碳纤维制成，而制造飞轮的碳纤维材料目前成本比较高。

② 飞轮一旦充电，就会不停转动下去，浪费能量。例如给一辆飞轮电池汽车充电后，该汽车可以行驶3h，汽车走了2h后，车主需要就餐0.5h，那么，这期间，飞轮就在那里白白转动。不过飞轮空转时，由于没有负载，能量损失不会太大。此外针对这种情况，也可以给飞轮电池配备化学充电电池，当不需要用电时，可把飞轮转动的电能充进化学电池中，但是给飞轮电池配备化学电池会导致汽车或设备的重量有所增加。

3. 飞轮电池的应用情况

① 交通运输。飞轮电池充电快，放电完全，非常适合车辆应用。现在由于成本和小型

化的问题，飞轮电池仅在部分电动汽车和火车上有示范性应用，并且主要是混合动力电动车辆。混合动力电动车辆在下坡、滑行或制动时，飞轮电池能大量地存储动能；在车辆起步、加速或爬坡时，飞轮电池则给车辆提供动力，保证发动机在最优状态下运转。

② 航空航天。飞轮电池在航空航天方面的应用包括在人造卫星、飞船、空间站上等。飞轮电池一次充电可以提供同重量化学电池两倍的功率，相同负载的使用时间为化学电池的 3 ~ 10 倍。同时，因为它的转速是可测可控的，故可以随时查看剩余电能。美国太空总署已在空间站安装了 48 个飞轮电池，联合在一起可提供超过 150kW 的电能。

③ 不间断电源。飞轮电池作为稳定电源，可提供几秒到几分钟的电能，这段时间足以保证工厂进行电源切换。德国 GmbH 公司制造了一种使用飞轮电池的不间断电源（UPS），在 5s 内可提供或吸收 5MW 的电能。

在 20 世纪 80 年代初，瑞士 Oerlikon Energy 公司研制成功了完全由飞轮电池供能的电动公交客车，飞轮直径 163m，重 15t，可载乘客 70 名，在行驶过程中，需要在每个车站（站间距约 800m）停车充电 2min。

1987 年，德国开发了飞轮电池混合动力汽车，利用飞轮电池吸收 90% 的制动能量，并在需要短时加速等工况下输出电能补充内燃机功率的不足。

1992 年，美国飞轮系统公司（AFS）采用纤维复合材料制造飞轮，并开发了飞轮电池电动汽车，该车一次充电续驶里程达到 600km。

此外沃尔沃在赛车上应用的动能回收系统（Kinetic Energy Recovery Systems，KERS）采用的就是机械飞轮储能结构，将来自车身的动能储存在一块重 6kg、直径 20cm 的碳纤维组成的飞轮模块中，需要释放时，其通过 CVT 变速模块将能量传递至后桥直接驱动车轮。根据官方测试的结果表明，使用了该技术的四缸涡轮增压发动机可以达到六缸涡轮增压发动机的水平，同时相比六缸涡轮增压发动机减少 25% 的油耗。

2.4.3　超级电容器

超级电容器也叫作双电层电容器，是一种通过极化电解质来储能的电化学元件，但在储能过程中并不发生化学反应，而且储能过程是可逆的，可以反复充放电数十万次。超级电容器也像飞轮电池一样，是一种物理储能电池。

1. 超级电容器的工作原理和结构

超级电容器是利用双电层原理的电容器。当外加电压到超级电容器的两个极板上时，与普通电容器一样，正极板存储正电荷，负极板存储负电荷，在超级电容器的两极板上电荷产生的电场作用下，在电解液与电极间的界面上形成相反的电荷，以平衡电解液的内电场，这种正电荷与负电荷在两个不同相之间的接触面上，以正负电荷之间极短间隙排列在相反的位置上，这个电荷分布层叫作双电层，因此电容量非常大。当两极板间电势低于电解液的氧化还原电极电位时，电解液界面上电荷不会脱离电解液，超级电容器为正常工作状态；若电容器两端电压超过电解液的氧化还原电极电位时，电解液将分解，为非正常状态。随着超级电容器放电，正、负极板上的电荷被外电路泄放，电解液界面上的电荷相应减少。由此可以看出：超级电容器的充放电过程始终是物理过程，没有化学反应，因此性能更加稳定。

超级电容器的结构如图 2-25 所示，由极板、隔膜和电解液组成。

51

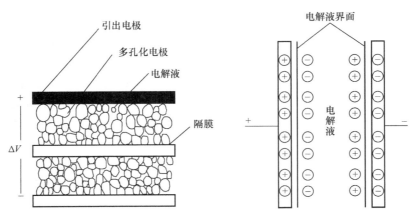

图 2-25　超级电容器的结构

2. 超级电容器特性

超级电容器主要有以下特点：

① 输出功率密度高。超级电容器的内阻很小，输出功率密度高达数千瓦每千克。

② 极长的充放电循环寿命。超级电容器循环寿命可达上万次。

③ 非常短的充电时间。超级电容器完全充电时间只要 10 ~ 12min。

④ 储存寿命极长。理论上超级电容器的储存寿命几乎可以认为是无限的。

⑤ 比能量低。这一缺陷制约了超级电容器的应用。

3. 超级电容器在电动汽车上的应用情况

目前，世界各国争相研究超级电容器，并越来越多地将其应用到电动车辆上。美国能源部最早于 20 世纪 90 年代就在《商业时报》上发表声明，强烈建议发展电容器技术，并使这项技术应用于电动汽车上。能源部的声明使得像 Maxwell 等一些公司开始进入电化学电容器这一技术领域。

日本是将超级电容器应用于混合动力电动汽车的先驱，本田的 FCX 燃料电池 – 超级电容混合动力汽车是世界上最早出现的商品化燃料电池轿车，该车已于 2002 年在日本和美国加州上市；日产公司于 2002 年 6 月 24 日生产了安装有柴油机、电动机和超级电容器的并联混合动力货车，此外还推出了天然气超级电容器混合动力客车，该车的经济性是原来传统天然气汽车的 2 ~4 倍；日本富士重工推出的电动汽车已经使用了日立机电制作的锂离子电池和松下电器制作的超级电容器的联用装置。

美国在超级电容混合动力汽车方面的研究也取得了一定进展，Maxwell 公司所开发的超级电容器在各种类型的电动汽车上都得到了良好的应用。美围 NASALewis 研究中心研制的混合动力客车采用超级电容器作为主要的能量存储系统。

国内以超级电容器为储能系统的电动汽车的研究取得了一系列成果。2004 年 7 月，我国首部"电容蓄能变频驱动式无轨电车"在上海张江投入试运行，该公交车利用超级电容器比功率大和公共交通定点停车的特点，当电车停靠站时在 30s 内快速充电，充电后就可持续提供电能，车速可达 44 km/h。哈尔滨工业大学和巨容集团研制的超级电容器电动公交车，可容纳 50 名乘客，最高速度 20km/h。2010 年上海世博会期间，在世博园内也运行了采用超级电容器驱动的电动客车。

总体来看，超级电容器具有比功率高、充放电速度快、循环寿命长、使用温度范围宽、无污染等优点，在等间距定点停车的公交车、场地车领域有很好的发展前景，在其他类型车辆上可作为辅助电源满足车辆急加速、爬陡坡时的功率需求和制动减速时的快速回收能量需求等。

2.4.4 氢燃料电池

氢燃料电池是一种将燃料与氧化剂的化学能通过电化学反应直接转换成电能的发电装置，其主要由正极、负极、电解质和辅助设备组成。

常用的燃料除氢气外还有甲醇、联氨、烃类及一氧化碳等。氧化剂一般为氧气或空气。电解质常见的有磷酸、氢氧化钾、熔融碳酸盐及离子交换膜等。

1. 氢燃料电池的工作原理

氢燃料电池工作原理如图 2-26 所示，氢气通入阳极，在催化剂作用下，一个氢分子分解为两个氢离子，并释放出两个电子，在电池另一端，氧气或空气到达阴极；同时，氢离子穿过电解质到达阴极，电子通过外电路到达阴极，在阴极催化剂的作用下，氧气和氢离子与电子发生反应生成水。

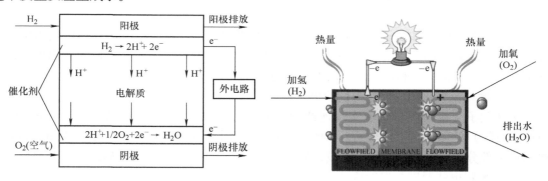

图 2-26 氢燃料电池工作原理

2. 氢燃料电池的分类

氢燃料电池可依据工作温度、燃料种类和电解质类型等进行分类。

① 按工作温度分类。氢燃料电池按照工作温度可分为低温型（工作温度低于 200℃）、中温型（200~750℃）和高温型（高于 750℃）三种。

② 按照燃料的种类分类。氢燃料电池按燃料种类可分为直接式燃料电池（即燃料直接使用氢气）、间接式燃料电池（即燃料通过某种方法把甲烷、甲醇或其他类化合物转变成氢气或富含氢的混合气后再供给燃料电池）和再生燃料电池（即把电池生成的水经适当方法分解成氢气和氧气，再重新输送给燃料电池）。

③ 按电解质类型分类。氢燃料电池按电解质类型可分为碱性燃料电池（AFC）、磷酸燃料电池（PAFC）、熔融碳酸盐燃料电池（MCFC）、固体氧化物燃料电池（SOFC）、质子交换膜燃料电池（PEMFC）。

3. 质子交换膜燃料电池

在各种氢燃料电池类型中，质子交换膜燃料电池是在电动汽车上最有应用前景的动力电池之一。

组成质子交换膜燃料电池的基本单元是单体燃料电池，电池单体的电化学电动势大约为1V，其电流密度约为每平方厘米百毫安量级。因此一个实用化的质子交换膜燃料电池系统必须通过多个电池单体的串联和并联形成具有一定功率的电池组，才能满足绝大多数用电负载的需求。此外该系统还配置了氢燃料储存单元、空气（氧化剂）供给单元、电池组温度调节单元、功率变换单元及系统控制单元等。质子交换膜燃料电池系统的结构如图2-27所示。

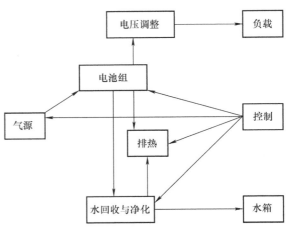

图2-27　质子交换膜燃料电池系统的结构

（1）燃料电池组（堆）

质子交换膜燃料电池的电池单体，其化学电动势为$1.0 \sim 1.2V$，接入负载时的输出电压为$0.6 \sim 0.8V$。为满足负载工作电压，必须将电池单体串联起来构成具有较高电压的电池组。

由于受到材料（如质子交换膜等）及工艺水平的限制，目前，电池单体的输出电流密度为$300 \sim 600mA/cm^2$。因此，只有将若干串联的电池组并联，组成具有较大输出能力的燃料电池堆，才可提高燃料电池的输出电流能力。

（2）燃料及氧化剂的储存与供给单元

为使质子交换膜燃料电池实现连续稳定的运行发电，必须配置燃料（H_2）及氧化剂（O_2或空气）的储存与供给单元，以便不间断地向燃料电池提供电化学反应所需的氢和氧。燃料供给部分由储氢器及减压阀组成，氧化剂供给部分由储氧器、减压阀或空气泵组成。

（3）燃料电池湿度与温度调节单元

在质子交换膜燃料电池运行过程中，随着负载功率的变化，电池组内部的工况也要相应改变，以保持电池内部电化学反应的正常进行。对质子交换膜燃料电池运行影响最大的两个因素是电池内部的湿度与温度。因此，在电池系统中需要配置燃料电池湿度与温度调节单元，以便使质子交换膜燃料电池在负荷变化时仍工作在最佳工况下。

（4）功率变换单元

质子交换膜燃料电池所产生的电能为直流电，其输出电压受内阻的影响，并随负荷的变化而改变。基于上述原因，为满足大多数负载对交流供电和电压稳定性的要求，在燃料电池系统的输出端需要配置功率变换单元。当负载需要交流供电时，应采用DC - AC变换器；当负载要求直流供电时，也需要用DC - DC变换器实现燃料电池组输出电能的升压与稳压。

（5）系统控制单元

由上述四个功能单元的配置和工作要求可知，质子交换膜燃料电池系统是一个涉及电化学、流体力学、热力学、电工学及自动控制等多学科的复杂系统。质子交换膜燃料电池系统在运转过程中，需要调节与控制的物理量和参数非常多，难以手动完成。为使质子交换膜燃料电池系统长时间安全、稳定地发电，必须配置系统控制单元，以实现燃料电池组与各个功能单元的协调工作。

4. 氢燃料电池的应用与发展趋势

氢燃料电池的发电热效率可达 65%～85%，重量能量密度 500～700W·h/kg，体积能量密度 1000～1200W·h/L，可在 30～90℃下运行，起动时间很短，0～20s 内即可达到满负荷工作，寿命可以达到 10 年，无振动，无废气排放。与燃油汽车比较，除成本外，各方面性能均优于燃油汽车。

氢燃料电池，尤其是质子交换膜燃料电池由于兼具无污染、高效率、适用广、低噪声、可快速补充能量等特点，被公认为替代传统内燃机的最理想动力装置，是真正零排放的车用能源。

近年来氢燃料电池在研究开发和商品化方面取得了巨大突破，给汽车工业和能源工业的变革带来了新的希望，发达国家纷纷投入巨资从事燃料电池技术的研究和开发，现在已经取得了很多重要成果。在 21 世纪，燃料电池发电有望成为继火电、水电和核电后的第四代发电技术。

在电动汽车应用方面，汽车工业发达国家，如美国、日本等均制定了燃料电池汽车的发展规划，各大汽车公司也纷纷投入巨资，支持开发燃料电池汽车，日本丰田、美国通用公司都已有产品投入实际运营。

2010 年，通用汽车在美国、欧洲以及亚洲市场提供了超过 100 辆雪佛兰 Equinox 氢燃料电池汽车，如图 2-28 所示，供超过 8 万名来自纽约、华盛顿以及洛杉矶的志愿者进行日常测试，累积行驶里程已经超过 100 万 mile。

图 2-28　雪佛兰 Equinox 氢燃料电池汽车

2014 年 11 月，全球第一款量产氢燃料电池汽车——丰田 Mirai 上市了，如图 2-29 所示。它标志着氢燃料电池汽车进入了面向普通消费者的阶段。Mirai 的最大功率为 113kW、最大转矩 335N·m，零到百公里加速在 10s 内，单个燃料罐能够行驶 650km，补充燃料仅需 3min，完全能够满足平常的行车需求。

图 2-29　丰田 Mirai 氢燃料电池汽车

我国科技部在"十五"和"十一五"期间持续支持燃料电池汽车的研发和产业化，研制出样车的部分技术指标已经接近和达到国际先进水平。2008年4月底，上海大众领驭燃料电池轿车（图2-30）、福田欧V燃料电池城市客车（图2-31）作为国内首款燃料电池汽车产品已进入国家产品公告，并为2008年北京奥运会提供了交通服务。此外，2010年上海世博会也指定使用燃料电池汽车用于场馆间的交通运输服务。

图 2-30　上海大众领驭燃料电池轿车

图 2-31　福田欧V燃料电池城市客车

实训 2　常见动力电池结构认知

1. 实操目标

（1）掌握镍氢电池内部结构与原理。

（2）掌握锂离子电池内部结构与原理。

（3）掌握锌空气电池内部结构与原理。

（4）掌握飞轮电池内部结构与原理。

（5）掌握超级电容器内部结构与原理。

（6）掌握氢燃料电池内部结构与原理。

2. 操作时间

30 分钟（每种电池）

3. 实操所需材料与工具

镍氢电池实训台架、锂离子电池实训台架、锌空气电池实训台架、飞轮电池实训台架、超级电容器实训台架、氢燃料电池实训台架。

4. 注意事项

请务必按照老师的指导，合理使用绝缘安全护具，并严格按老师示范动作操作，做到安全、正确，并防止造成实操总成及车辆的损坏。

5. 实操步骤

（1）根据镍氢电池实训台架的功能演示，描述其内部结构与工作原理。

（2）根据锂离子电池实训台架的功能演示，描述其内部结构与工作原理。

（3）根据锌空气电池实训台架的功能演示，描述其内部结构与工作原理。

（4）根据飞轮电池实训台架的功能演示，描述其内部结构与工作原理。

（5）根据超级电容器实训台架的功能演示，描述其内部结构与工作原理。

（6）根据氢燃料电池实训台架的功能演示，描述其内部结构与工作原理。

作业记录表

序号	作业项目	内部结构说明
1	镍氢电池	
2	锂离子电池	
3	锌空气电池	
4	飞轮电池	
5	超级电容	
6	氢燃料电池	

本 章 小 结

1. 铅酸电池由于具有廉价、安全、技术成熟、回收率高等优点，在电动自行车、低速短途电动车、电动牵引车领域仍然有广泛的应用。但由于其能量密度低，在新能源乘用车领域的应用受到了一定的限制，未来铅酸电池的技术仍会不断改进，短时间内铅酸动力电池还会在动力电池领域占有一定的地位。

2. 碱性动力电池主要有镍镉电池和镍氢电池两种，其中镍镉电池由于具有记忆效应，且镉污染对人体危害巨大，将逐渐被淘汰。镍氢动力电池无明显记忆效应，且具有能量密度高、环境相容性好、充电倍率高、低温性能好、耐过充放电能力强等优点，在混合动力汽车领域得到了较广泛的应用。

3. 锂离子动力电池由于具有工作电压高、比能量高、循环寿命长、自放电小、无记忆效应、环保性高等优点，是目前最理想的电动汽车动力电源之一，在纯电动汽车、插电式混合动力汽车中受到了广泛欢迎。

4. 锌空气电池具有容量大、能量密度高、价格低廉、储存寿命好、锌可回收和反复利用、绿色环保等优点，但因其空气电极在工作时暴露于空气中，推广应用时仍存在很多问题，目前仍主要在试验车上装车测试。

5. 飞轮电池具有能量密度高、能量转换效率高、工作温度范围宽、使用寿命长、低损耗、低维护等优点，典型的应用是作为混合动力汽车的能量回收装置，对制动能量进行机械回收和在起动停车工况下快速起动车辆。目前飞轮电池作为车辆主要动力来源的应用还不多。

6. 超级电容器具有比功率高、充放电速度快、循环寿命长、使用温度范围宽、无污染等优点，在等间距定点停车的公交车、场地车领域有很好的发展前景，在其他类型车辆上可作为辅助电源满足车辆急加速、爬陡坡时的功率需求和制动减速时的快速回收能量需求等。

7. 燃料电池，尤其是质子交换膜燃料电池由于兼具无污染、高效率、适用广、低噪声、可快速补充能量等特点，被公认为替代传统内燃机的最理想动力装置，是真正零排放的车用能源。

复习思考题

1. 铅酸电池作为动力电池有哪些优缺点，在新能源汽车领域的应用情况如何？

2. 镍氢电池有哪些优缺点，在新能源汽车领域的应用情况如何？

3. 锂离子动力电池按正极材料分有哪些类型？

4. 锂离子电池有哪些优缺点，在新能源汽车领域的应用情况如何？

5. 对比分析各类动力电池驱动的电动汽车，寻找最环保的汽车。

6. 锌空气电池、飞轮电池、超级电容器、燃料电池都各自具有什么特点，分别应用于新能源汽车哪些场合？

7. 哪些动力电池可能成为未来电动汽车的主要动力源？

第 3 章 ▶▶▶▶▶

锂离子动力电池成组技术

学习目标：
- 了解电池成组的目的意义。
- 理解电池成组时电池单体的选用。
- 掌握各类动力电池在新能源汽车中的应用情况。

电池成组（PACK）是由电池单体通过串联或并联方式组合而成的电池模块。电池成组设计的标准化、规范化，有助于产品性能的提升和产品的成熟稳定。电池成组设计规范，明确了产品的设计思路，规范了每个设计细节，不仅可以缩短设计周期，提高供应商生产效率，还会使生产操作便捷，降低成本。

3.1 动力电池成组必须解决的问题

3.1.1 概念

① 电池单体：构成动力电池模块的最小单元。电池单体一般由正极、负极、电解质及外壳等构成，可实现电能与化学能之间的直接转换。

② 电池模块：一组并联的电池单体的组合，该组合额定电压与电池单体的额定电压相等，是电池单体在物理结构和电路上连接起来的最小分组，可作为一个单元替换。

③ 电池模组：也叫电池包，是由多个电池模块或电池单体串联而成的一个组合体。

动力电池的成组原理如图 3-1 所示。

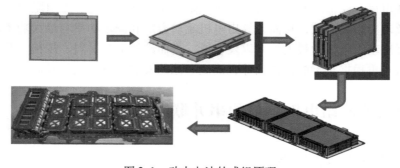

图 3-1　动力电池的成组原理

3.1.2 电池成组要注意的问题

电池单体并联、串联成组后，作为一个整体对外工作时要注意如下问题：

① 高压母线回路绝缘安全检测（全车高压回路）。

② 电池单体最高电压、电池单体最低电压检测（电压一致性评价、SOC 计算）。

③ 母线电流、电压检测（充、放电过流检测控制）。

④ 正负母线充放电电路开闭控制（高压直流输出、输入）。

⑤ 正负母线继电器开闭状态检测（主触点正确开闭检查）。

⑥ 电池充放电功率控制（充电请求）。

⑦ 电池充电次数累计（计算电池寿命，健康情况）。

⑧ 预充电控制（控制上电浪涌电流，防止烧坏主继电器触点、控制器电容）。

⑨ 电池容量 SOC 的检测计算。

荷电状态（State of Charge，SOC）也叫剩余电量，代表的是电池使用一段时间或长期搁置不用后的剩余容量与其完全充电状态的容量的比值，常用百分数表示，其取值范围为 0 ~ 1，当 SOC = 0 时表示电池放电完全，当 SOC = 1 时表示电池完全充满。

⑩ 电池健康状况 SOH 的计算。

电池的健康度（State of Health，SOH）表示电池容量、健康度、性能状态和寿命的信息，为电池最大放电容量相对额定容量的比值，新出厂电池为 100%，完全报废为 0。

⑪ 电池温度检测（防止电池过热导致隔膜破损造成燃烧，低温充电前加热判断）。

⑫ 电池一致性巡检判断（保持电池最大容量下工作）。

⑬ 充电请求计算与通信。

⑭ 故障存储与上报。

⑮ 电池防尘、防水。

水分进入电池会造成电池短路，粉尘进入电池长期堆积会造成电池短路，引起金属材料的腐蚀，故开放式电池箱体设计须定期清理灰尘。

⑯ 电池与车身之间的定位固定。

3.1.3 电池模组的设计与选用过程

电池模组的设计和选用，首先要分析车辆设计的技术要求，根据车速、最高车速、最高车速持续时间、0 ~ 100km/h 加速时间、整车质量、满载质量、最大爬坡度、迎风面积、用户需求的续驶里程、模拟风洞计算出的车辆风阻、轮胎变形阻力、坡道阻力、加速时驱动力等设计数据及动力影响参数，从而计算出电机驱动力矩和额定功率与最大功率，然后从电机功率需求推算出动力电池的最大功率以及容量，进而选择电池材料、规格，并联电池数和串联的电池组数。再根据车辆的结构尺寸，确定电池的安装位置、定位及固定方案。

3.2 动力电池成组电池单体的串并联选用

3.2.1 不同形状电池组的特点

在纯电动汽车、插电式混合动力汽车中，电池单体串联以满足电压需求，并联以满足容量需求，串并联连接方式往往同时存在，构成系列模组。图 3-2 所示为不同类型的电池组。关于动力电池中电池单体的选取，不同类型的电动汽车对其要求不一，电池的外形也不尽相同（须满足 GB/T 34013—2017《电动汽车用动力蓄电池产品规格尺寸》），包括圆柱形电池、方形电池以及软包电池，所以对于动力电池有圆柱形电池组合形式、方形电池组合形式以及软包电池组合形式，见表 3-1。

a)圆柱形电池组

b)方形电池组

c)软包电池组

图 3-2　不同类型的电池组

表 3-1　不同形状电池组的特点

形状	圆柱形	方形	软包
安全性	安全阀双重保护，PTC	泄气阀	外壳保护
耐压性	高	中	差
功率性能	好	较好	一般
组合体积	大	小	小
组合成本	高	低	低
形状	标准壳体	金属或塑料壳体，改变较难	可制成各种大小电池
散热性能	良好	一般	差
工艺性	成熟，易于自动化生产	一般	一般
组合特点	体积大，散热表面大	体积小，工艺简单	工艺简单，机械强度低
应用领域	广泛，动力类及消费类	动力电池	动力电池

3.2.2　串并联电池组拓扑结构

电池组典型的连接方式有先并联后串联、先串联后并联，如图 3-3a、b 所示，混联方式如图 3-3c 所示。

从电池组连接的可靠性、电池电压不一致性和电池组性能影响的角度分析，先并联后串联连接方式优于先串联后并联连接方式，而先串后并的电池拓扑结构有利于对系统各个电池单体进行检测和管理。

61

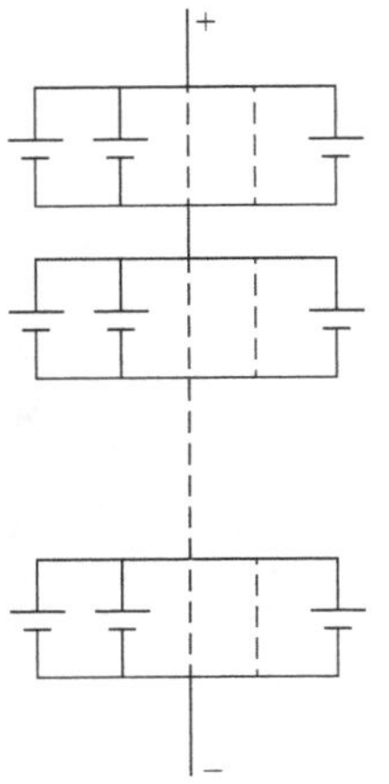

a)先并后串电池组拓扑

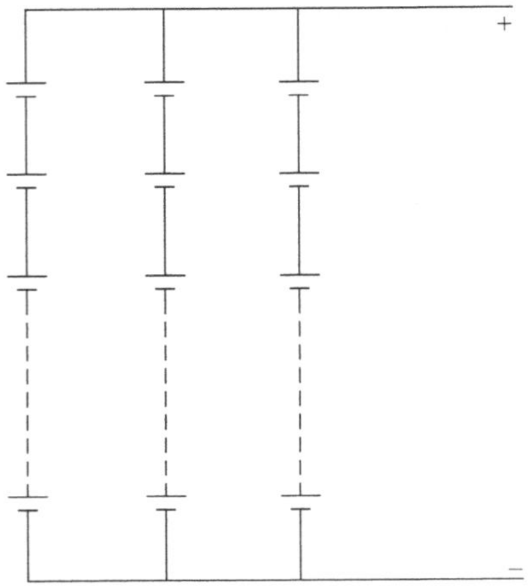

b)先串后并电池组拓扑

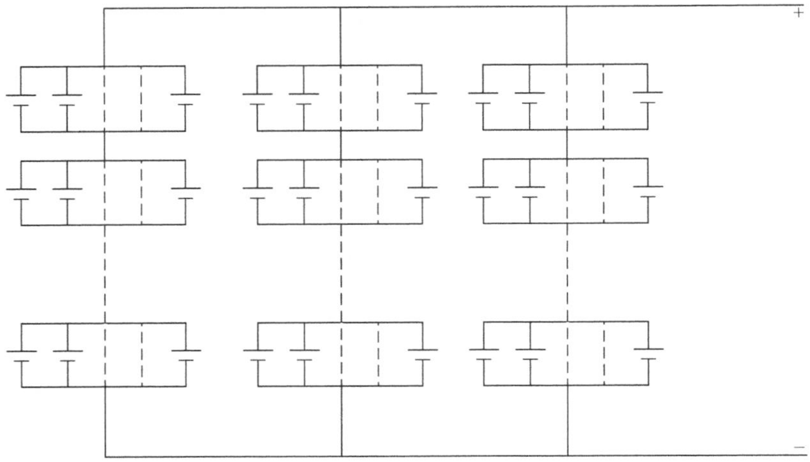

c)先并后串再并电池组拓扑

图 3-3 电池组典型的连接方式

串并联电池组在使用过程中出现的电池单体过充电、过放电、超温和过流问题，致使动力电池使用寿命大幅缩短甚至发生燃烧、爆炸等恶性事故，动力电池使用寿命缩短、安全性下降已经成为制约其推广应用和产业发展的关键因素。电池筛选成组与适应动力电池的有效电池管理系统是提高串并联电池组性能的两个重要方面。串联电池组中由于电池单体容量、初始 SOC、内阻、极化的不一致性，在充放电过程中需要电池管理系统检测电池单体电压与充放电设备通信，以防部分电池单体的过充或过放。在良好的电池管理条件下，串联电池组在使用过程中可避免滥用，如大电流倍率、环境温度过高等，它不会因为连接成组而造成电池单体的寿命衰退，但是部分电池性能的短板效应会减小串联电池组的容量利用率，可以通过带均衡功能的电池管理系统提高。

由于支路电流，并联电池组受到支路电池参数耦合的影响，电池成组后支路电池容量、初始 SOC、内阻和极化的差异会造成支路电流工况的差异，大多数电池单体并联的支路电池参数虽然较为一致，且整个充放电过程的平均电流倍率与并联电池组的外施电流倍率差异不大，但是在充放电的电池电压平台的两端 SOC 区间形成的电流差异较大。例如，电池充电末端 90%～100% SOC 区间，由于平台电流差异的累积导致末端支路电流的差异，极易出现没有充满的电池过流充电，已经充满的电池极易出现过充电。并联电池组另外一个显著的影响因素就是在动态电流工况（加速、制动以及怠速过程）时产生电流的环流，环流同样是充放电，会一定程度地损伤电池组寿命。先串后并的连接方式中，并联支路的串联电池数目越多，整条支路电池参数如内阻、极化更接近统一批次电池参数平均值的整数倍，并联支路的容量差异和初始 SOC 差异成为导致并联电流不平衡的主要因素。同一批次电池参数正态分布在先串后并的各个支路当中，显著降低了整个串并联电池组的电流不平衡程度。因此，在实际的使用过程当中，当电动汽车进行电池的维护和更新时，也会出现不同批次电池同时工作的状况。

3.2.3　电池串并联特性

以 32650 AH 电池为例，电池单体的基本参数：型号 32650，电压 3.2V，容量 5A·h，能量 16W·h，内阻 8mΩ。

1. N 个电池串联特性

总电压为 N 个电池电压之和：$\qquad V_{总}=N\times3.2\text{ V}$

总容量保持不变，为电池单个容量：$\quad Q_{总}=5\text{A}\cdot\text{h}$

总能量为 N 个电池能量之和：$\qquad W_{总}=N\times16\text{W}\cdot\text{h}$

总内阻为 N 个电池内阻之和：$\qquad R_{总}=N\times8\text{m}\Omega$

2. N 个电池并联特性

总电压为单个电池电压：$\qquad\qquad V_{总}=3.2\text{ V}$

总容量为 N 个电池单体容量之和：$\quad Q_{总}=N\times5\text{A}\cdot\text{h}$

总能量为 N 个电池能量之和：$\qquad W_{总}=N\times16\text{W}\cdot\text{h}$

总内阻的倒数为各电池单体内阻倒数之和，单体内阻一致时：

$$R_{总}=\frac{\varepsilon\text{m}\Omega}{N}\ （总内阻趋于零）$$

总之，无论 N 个电池串联还是 N 个电池并联所构成的电池模组，其性能特性可总结为：

总电压为 N 个串联电池单体电压之和。

总容量为 N 个并联电池单体容量之和。

总能量为串并联中所有电池单体能量之和。

总内阻：$R_{总}=\dfrac{MR}{N}$（M：串；N：并；R：单体内阻）。

3.3　动力电池成组的硬件组成与电连接设计

3.3.1　动力电池模组规格尺寸

随着新能源汽车行业的发展和规范化应用，零部件和电池模组要求标准化。根据动力电池国家标准 GB/T 34013—2017《电动汽车用动力蓄电池产品规格尺寸》，蓄电池模块的结构如图 3-4 所示，蓄电池模块的尺寸系列见表 3-2。

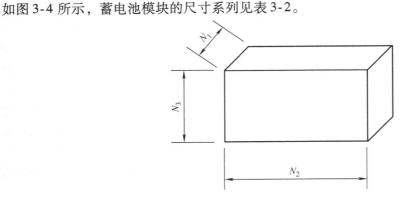

图 3-4　蓄电池模块

N_1—蓄电池模块的厚度　N_2—蓄电池模块的宽度　N_3—蓄电池模块的高度

表 3-2　蓄电池模块尺寸系列

序号	外形尺寸/mm		
	N_1	N_2	N_3
1	211 ~ 515	141	211/235
2	252 ~ 590	151	108/119/130/141
3	157	159	269
4	285 ~ 793	178	130/163/177/200/216/240/255/265
5	270 ~ 793	190	47/90/110/140/197/225/250
6	191/590	220	108/294
7	547	226	144
8	269 ~ 319	234	85/297
9	280	325	207
10	18 ~ 27，330 ~ 672	367	114/275/429
11	242 ~ 246	402	167
12	162 ~ 861	439	363

注：所列尺寸范围参照蓄电池尺寸范围。

3.3.2　动力电池模组的固定与连接

动力电池模组尺寸确定后，需要考虑固定和连接方式。无论是圆柱形、方形还是软包电池模组，实质都是使用一些结构件，把电池单体通过串并联方式组合成模组。电池模组的固定和连接有两个作用，一方面是固定和连接电池单体自身，使之成为一个整体，并且具备足够的机械强度和刚度；另一方面是预留模组对外的连接、固定方式和位置。

按使用功能分类，固定和连接可以分为机械固定和连接、电气固定和连接。机械固定和连接，主要发挥的是机械承载的作用，设计时需要考虑机械固定和连接的强度和刚度。而电气固定连接不仅需要考虑固定和连接的强度，还需要考虑过流能力、是否有电化学腐蚀现象等。

以圆柱形电池模组为例，电池模组主要部件包含电池单体、面垫、绝缘套、复合 PCB

板、采集转接板、法兰螺母/螺钉、集流板（铜板、钢板）、连接铜排和塑胶支架等。

1. 连接铜排设计

铜排又称铜母排或铜汇流排，是由铜材质制作的，截面为矩形或倒角（圆角）矩形的长导体（现在一般都用圆角铜排，以免产生尖端放电），在电路中起输送电流和连接电气设备的作用。铜排具有电阻率低、可折弯度大等优点。铜母线规格及载流量见表 3-3。

铜排材质为纯铜，俗称紫铜，因其颜色为紫红色而得名。纯铜熔点为 1083℃，无同素异构转变，相对密度为 8.9，为镁的五倍，同体积的质量比普通钢重约 15%。纯铜具有优良的导热性、延展性、耐蚀性、导电性和塑性，但强度、硬度较差，一般需要进行表面处理后使用。

表 3-3　铜母线规格及载流量

铜母线尺寸（截面）/mm×mm	铜/A（铜母线最高允许温度为 70℃）							
	交流（环境温度）				直流（环境温度）			
	25℃	30℃	35℃	40℃	25℃	30℃	35℃	40℃
15×3	210	197	185	170	210	197	185	170
20×3	275	258	242	223	275	258	242	223
25×3	340	320	299	276	340	320	299	276
30×4	475	446	418	385	475	446	418	385
40×4	625	587	550	506	625	587	550	506
40×5	700	659	615	567	705	664	620	571
50×5	860	809	756	697	870	818	765	705

注：本表系铜母线立放的数据。当铜母线平放且宽度≤63mm 时，表中数据应乘以 0.95，>63mm 时应乘以 0.92。

2. 复合 PCB 板设计

复合 PCB 板全称为复合 PCB 集流板，如图 3-5 所示。它由材质为 T2 纯铜板（厚度 1.0mm）与 FR4 材质 PCB 板（铜箔、FR4 等）加工而成，在产品中起到纵向过流和保护的作用，其中熔丝是复合 PCB 板核心，任何优化改善需围绕此核心来展开设计。

3.3.3　动力电池成组的电连接

电池箱内主要有电压采集线、温度采集线、模块间通信线、电池箱通信线。

1. 电压采集线

电压采集线分单线采集与采集板采集线两种设计方式。

图 3-5　复合 PCB 板

（1）单线采集设计方式

在单线采集设计方式中，需要注意每个采集位置使用端子或是锁孔端子需一一对应，使用孔径对应铜板及 PCB 开孔孔径；所有采集线位号标签不得排列错误，线长度根据实际长度标出，不得错位标示，避免采集线过长或是过短；第一个电压采集模块位号排列完成，第二个电压采集模块需注意按起点顺序排列，避免错误排列；标签位号需按电池模块实际采集顺序排列，顺序号不得错乱；相邻两个模块相交线用线耳采集，在组装锁付时第一个采集模块最后一根采集线与第二个采集模块第一根采集线为同一采集点。

（2）采集板采集线设计方式

每个 34 拼插头可供两个采集模块使用，此采集条 PCB 线束作为采集转接线使用，首先对采集条每个插座针脚对应的采集串确认，再一一对应填入 34 拼插头每个针脚对应定义位号，电压采集模块插头端同样与 34 拼插头采集串一一对应即可。

2. 温度采集线

温度采集线设计包含对插电压采集模块端胶壳及端子的选型、线材的使用、温度采集线标签命名方式等。设计时需要计算出电池箱内需要温感探头的总数量，根据电池箱电池组模块实际排列合理平均分配温感探头，不得相隔位置太远，以免影响温度采集精度。

3. 模块间通信线

模块间通信线设计包含胶壳及端子的使用、模块通信线定义、模块通信线和电源线的使用、模块通信线命名。

4. 电池箱通信线

图 3-6 为电池箱通信完整的控制示意图及说明。

图 3-6　电池箱通信完整的控制示意图

① 此图适用于单个箱体内只有一个电压采集模块线束。

② 匹配电阻插座及屏蔽接地线适用位置按整车外部通信布置在通信线最末端，如末端箱体有多个采集模块，此电阻插头及屏蔽接地线需制作在模块间通信上。

③ 电池箱通信线命名。电池箱通信为实现多个电池箱之间正常通信，标签按整体摆放排列顺序命名，如第一个电池箱命名为"1 号箱通信"，其余以此类推即可。

④ 缠绕管及波纹管的使用。通信线全部采用缠绕管密集包裹，除部分走线，如需从电池箱铜条及铜板上经过时必须使用波纹管，避免损伤线体。

3.4　电池箱结构设计

动力电池作为电动汽车能量的主要来源，其设计的好坏直接影响整车的性能，而电池箱体作为动力电池的载体，在动力电池安全及防护方面起着关键作用，因此对动力电池箱的研究具有重要的意义。电池箱的设计需要考虑多个方面的因素，包括机械结构安全性、电安全性、防水防尘密封性能、通风散热及加热性能。

3.4.1　电池箱设计要求

电池箱不仅受整车安装空间和安装方式的影响，还受到模组形状尺寸和安装方式的影响。设计电池箱时，在满足强度刚度的前提下，综合考虑这两方面的影响，满足电气设备外壳防护等级 IP67 设计要求，线束走向合理、美观且固定可靠。

1. 碰撞安全性要求

电池箱体在车辆发生碰撞时，应满足下列要求：

① 若动力电池安装在乘客舱的外部，则其部件（电池模块，电解液、正负极连接线等）不得穿入乘客舱内。

② 若动力电池安装在乘客舱内，如座椅下面，则电池箱体的移动必须保证车内乘客的安全。通常电池箱的设计优先考虑人电分离，即动力电池箱体不放在乘客舱内。

③ 如果发生碰撞，电池模块或电池单体要保证其结构的完整性，即碰撞时禁止电池箱体内电池模块或电池单体散落，更不允许甩出车外。

④ 如果发生碰撞，电池组的过流断开装置必须迅速切断连接，防止动力电池发生内部短路。

⑤ 如果发生碰撞，电池箱体的刚度要确保电池模块或电池单体产生的挤压变形量在一定的安全范围之内。

2. 绝缘与防水性能要求

纯电动汽车动力电池输出电压一般在 200～700V，电池箱体除容纳保护电池外，还要确保隔绝操作人员及乘员与电池组的接触；电池箱体必须密封防水，防止进水而导致高压短路，电池箱体设计的防护等级要求满足 IP67，具体的设计要求如下。

① 动力电池的正负两极以及两极的导线或者连接板与电池箱体的距离必须大于 10mm，防止击穿放电现象的发生。

② 整个电池箱体必须进行电泳喷涂，电池箱内部要喷涂绝缘漆或者在内部表面安装绝缘板。

③ 电池箱体的焊缝处一定要涂密封胶，电池箱体上盖与下箱体配合处要安装密封圈或者添加密封胶，另外插接件固定处要采取一定的密封措施。

④ 电池箱体布置在车身底部时不能与车身或底盘的部件产生运动干涉，特别是要与底盘的运动件保持 25mm 以上的距离，还要保证整车的最小离地间隙，满足不同路况下的越野性或通过性，以免刺破或刮伤电池箱外壳。

⑤ 电池箱体的正负极插接件及整车的通信插接件安装孔最好设置在电池箱体 1/2 高度以上的部位。

3. 通风与散热性能要求

电动汽车长时间运行时，特别是在夏季高温天气持久高负荷快速行驶时，动力电池在放电的同时也会释放出大量热量；电动汽车在城市工况行驶时，循环的制动能量回收，也会伴随动力电池热量的释放；电动汽车进行快充时，更会产生巨大的热量。大量的热量聚集在电池箱体的内部不及时散发，可能导致热失控，严重时会起火爆炸。因此为确保动力电池的安全和使用寿命，电池箱体要具备良好的散热能力。

① 在不影响箱体内总布置空间的情况下，电池模块之间应保留一定的间隙，一方面满足电池自身散热的要求，另一方面，给予电池组工作时热膨胀的空间，避免过度的挤压。

② 电池箱内部要合理布置温度传感器或信息采集板，实时监控箱体内电池的温度及电池单体的均衡电压。

③ 根据电池箱体内总容量的大小及电池放热特性，合理设计散热风流量，并保留一定的安全系数。

④ 电池箱体内部合理地布置扰流板引导内部气流方向，确保电池模块的每个电池单体都能充分的散热。

⑤ 如果遇突发故障，必须保证电池电源切断后一段时间再切断散热风扇，保留一段延迟的过程。

3.4.2 动力电池标准箱规格尺寸

根据动力电池国家标准 GB/T 34013—2017《电动汽车用动力蓄电池产品规格尺寸》，推荐了适用于电动商用车的动力电池标准箱典型尺寸。动力电池标准箱的典型规格尺寸见表3-4，结构如图3-7所示。

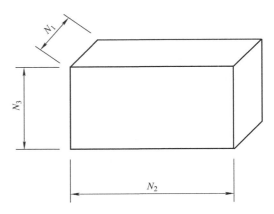

图 3-7　动力电池标准箱尺寸
N_1—电池箱的厚度/长度　N_2—电池箱的宽度
N_3—电池箱的高度

表 3-4　动力电池标准箱尺寸系列

序号	外形尺寸/mm		
	N_1	N_2	N_3
1	896/1080	489	205～450
2	820/1060/1200	630/660/680	215～275
3	2190	690	233
4	1015	720/800	215～275
5	1030	999/1360/1722	251～548

注：所列尺寸范围参照动力电池尺寸范围。

3.4.3 详细设计

1. 上、下箱体设计

在上下箱体设计前，需根据客户需求、产品应用环境需求、性能需求、成本需求等多方面综合考虑，确定上、下箱体的材质和加工工艺。不同的材料和加工工艺，对上下箱体的结构设计影响很大。

上下箱体使用较成熟的材料有钣金、铝合金和复合材料，这三种材料在结构设计时，还需要根据加工工艺（钣金折弯、钣金冲压、铝合金冲压、复合材料模压等）的选择，进行具体设计。

一般来讲，下箱体需要承载电池箱的大部分重量，而上盖承载较小，因此设计时，主要进行下箱体的设计，上箱体主要考虑箱盖承载自身的强度和防护性能，确保满足防护要求和机械安全要求。钣金和铝材板上盖有两种成形工艺：折弯结合拼焊和一体冲压成形，复合材料一般采用一体成形。下箱体作为主要机械承载部件，设计时相对复杂，需要考虑其机械强度、密封设计、防腐蚀、轻量化等。

2. 支撑板设计

支撑板作用是加强箱体内部挡板强度，主要用于电池箱壁和箱内挡板之间，为焊接件，由供应商根据设计尺寸与电池箱体进行焊接及喷涂。支撑板结构如图 3-8 所示。

3. 隔板设计

（1）固定隔板

隔板由钣金件折弯成形焊接在箱体内部，主要作用是防止电池模组在箱体内部移动，加强箱体强度等作用，主要材质为汽车高强度钢。隔板的设计示意图如图 3-9 所示，散热孔位置与 PCB 板同心，若安装风扇需增加风扇孔。

图 3-8　支撑板结构

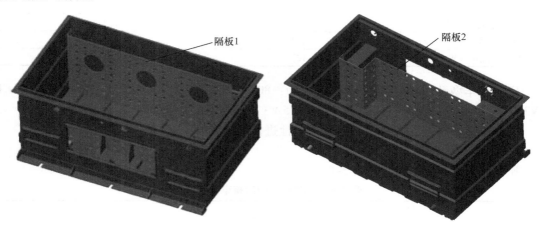

图 3-9　隔板

（2）固定支架

当电池模组采用穿杆结构时，电池模组两端使用固定支架固定，固定支架焊接在箱体上。箱体固定支架的设计要保证强度，电池模组支架的固定折边需要焊接加强筋，防止电池模组在箱体内部移动。

3.5　几种常见电动汽车的动力电池

3.5.1　电池的额定电压、容量及能量计算公式

动力电池系统的额定电压 = 电池单体额定电压 × 电池单体串联数

动力电池系统的容量 = 电池单体容量 × 电池单体并联数量

动力电池系统总能量 = 动力电池系统的额定电压 × 动力电池系统的容量

动力电池系统质量比能量 = 动力电池系统总能量 ÷ 动力电池系统质量

3.5.2　北汽 EV160、EV200 的动力电池

北汽 EV160 车型选用了普莱德磷酸铁锂电池，北汽 EV200 车型选用了韩国 SK 公司的三元锂电池，其电池的性能参数见表 3-5。

69

表 3-5　北汽 EV160、EV200 车型动力电池的技术参数

电池型号	SK－30.4kW·h（EV200）	PPST－25.6kW·h（EV160）
额定电压/V	332	320
电池单体容量/A·h	91.5	80
额定能量/kW·h	30.4	25.6
连接方式	3P91S	1P100S
电池系统供应商	BESK	PPST
电池单体供应商	SKI	ATL
BMS 供应商	SK innovation	E－power
总质量/kg	291	295
总体积/L	240	240
工作电压范围/V	250～382	250～365
能量密度/（W·h/kg）	104	86
体积比能量/（W·h/L）	127	107

　　EV160 车型动力电池能提供的能量为：$80A·h×320V=25600VA·h=25.6kW·h$；EV200 车型动力电池能提供的能量为：$91.5A·h×332V=30378VA·h=30.4kW·h$。

　　下面以 EV200 车型为例，对其动力电池进行解读。

1. 整车技术参数

EV200 车型的技术参数见表 3-6。

表 3-6　EV200 车型的整车技术参数

	整备质量/kg	1295
	最大爬坡度（%）	≥25
	最高车速/（km/h）	125
	0～50km/h 加速时间/s	4.7
	0～80km/h 加速时间/s	9.7
驱动电机	功率（额定/峰值）/kW	30/53
	转矩（额定/峰值）/N·m	102/180
电池系统	电池品牌	SK
	电池材料	三元锂电池
	电池单体容量/A·h	NCM/Gr. 30.5
	电池容量/A·h	（3p）91.5
	电池单体工作电压范围/V	3.0～4.15
	电池单体额定电压/V	3.65
	电池包额定电压/V	332（3.65×91）
	电压范围/V	270～377
	总电量/kW·h	30.4
	电池系统循环寿命（90% DOD）	≥3000
	工况续驶里程（NEDC）	200
	等速续驶里程（60km/h）	245
	100km 耗电量/（kW·h/100km）	15
充电方式	低功率交流充电/kW	3.3
	直流快充	30min 充至 80%
	快速充满电时间/h	1
	慢充/h	8～9

2. 对动力电池的功能要求

根据车辆的最大满载质量（包括电池）、行驶速度、最高车速、风阻、轮胎变形阻力、爬坡度等技术指标推算出阻力、驱动力、驱动功率，以及急加速持续时间、最大功率，然后计算出电机额定功率、最大功率，导出对动力电池的要求。

根据各种用电设备功率与使用频率（冷热空调、前照灯、转向助力等）计算总的功率 $P = UI$，选择电池单体的参数，如额定电压、额定容量、放电倍率等。

根据续驶里程、能量储存量，选择并联的电池单体数，总电池单体数；提出动力电池的慢充、快充要求，如电池倍率选择、充电机选择等；将电池分成模块、模组、电池包，确定安装位置、防护等级、定位、固定方式等。

3. 对动力电池的性能要求

电池单体一致性：要求同一规格电池的容量一致性、充放电过程中电量变化与电压的变化一致性、放热一致性等。

放电倍率：要求充放电性能好，便于快充，便于大电流放电，满足大功率负载使用要求。

自放电小，便于保存，充放电寿命长，环境温度影响小，特别在低温环境使用的适用性要好。

要求滥用安全性好，耐过充、过放、挤压、针刺、火烧、浸水、盐雾、潮湿、粉尘等。

为了使动力电池布局方便，数个电池单体串联组成模组；数个模组串联，包括各个控制环节，最终组成电池包。

4. 最终确定的 EV200 电池成组（PACK）

选择电池单体的种类：SK，三元锂电池，NCM/Gr，30.5A·h，电压范围 3.0 ~ 4.15V，额定电压 3.65V。

电池单体并联的个数：（3p），30.5A·h×3 = 91.5A·h，电池单体串联的个数：91 个，电压范围：最低 3V×91 = 273V，最高 4.2V×91 = 382V，所以电池的工作电压在 273V ~ 382V；电池包额定电压 332V（3.65V×91 = 332V）。但实际中，由于 SK 三元锂电池的充电上限截止电压为 4.14V，放电截止电压为 3.5V（实际中留出 0.5V 可以保证电池不会过放电），其实际工作电压在 318V ~ 377V。

电池包总电量（kW·h）30.4；电池系统循环寿命（90% DOD）≥3000。

低功率交流充电 3.3kW；直流快充 30min 充至 80%，快速充满电时间：1h，慢充 8 ~ 9h。

3.5.3　奇瑞 eQ1 – EV（小蚂蚁）的动力电池

奇瑞 eQ1 – EV 车型采用三元锂电池，动力电池里面集成了如下部件：电池单体、自动断开系统（Auto Disconnect System，ADS）或 BDU（Battery Distribute Unit）、电池管理系统（Battery Management System，BMS）。BMS 包括 1 个电池控制单元（Battery Control Unit）、4 个电池检测单元（Battery Monitor Unit）。动力电池结构如图 3-10 所示，其技术参数见表 3-7。

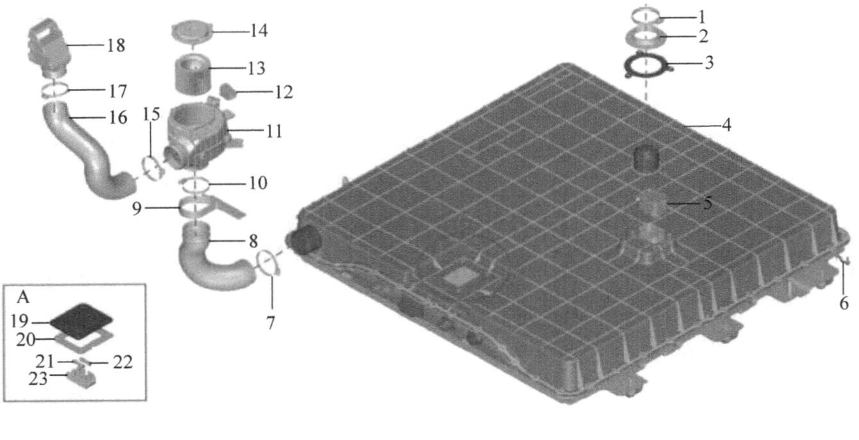

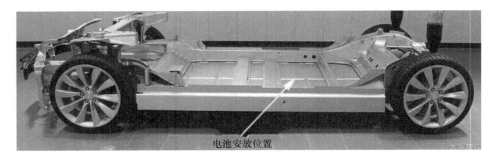

图 3-10　动力电池的结构

1、7、10、15、17—蜗杆卡箍　2—风道密封圈　3—密封圈压板　4—动力电池总成　5— MSD 熔丝端　6—接地线
8—电池出风管　9—出风道支架　11—风机蜗壳　12—风机继电器　13—离心风叶　14—风机电动机
16—风机出风管　18—出风口　19—熔丝维修口盖板　20—熔丝维修口密封圈　21—慢充熔丝（20A）
22—加热 PTC 熔丝（20A）　23—2 芯熔断器底座

表 3-7　奇瑞 eQ1 – EV 动力电池技术参数

额定电压/V	能量/kW·h	可工作电压范围/V	防尘等级	防水等级	工作环境/℃
345	≥18.9	288 ~ 400	IP5X	IPX7	– 20 ~ 50

3.5.4　特斯拉 Model S 的动力电池

Model S 的动力电池总重高达 900kg，安装在驾驶舱正下方的底盘当中，如图 3-11 所示，在为电机提供能量的同时，也起到了稳定车辆重心的作用。动力电池功率 85kW·h，电压约 400V。

电池安放位置

图 3-11　特斯拉 Model S 电池安放位置

动力电池由 16 个电池模组串联而成，并且每个电池模组又由 6 个电池组串联而成，每个电池组则由 74 节 18650 型三元锂电池并联组成，因此每个电池模组由 444 节 18650 型三元锂电池组成，整个动力电池由 7104 节 18650 型锂电池组成，如图 3-12 所示。

72

图 3-12　特斯拉 Model S 动力电池由 16 个电池模组串联而成

3.5.5　比亚迪 e6 的动力电池

比亚迪 e6 选用了能量密度达到 135W·h/kg 的磷酸铁锂电池，电池总容量为 91kW·h，整车纯电的续驶里程达到 450km。

但整车每度电行驶里程不高，平均每度电行驶 4.9km，明显落后于其他竞争对手，如特斯拉、吉利帝豪、北汽新能源等平均每度电能行驶 6km 以上。导致这一现象的核心原因是其他竞争对手均选用了三元锂电池，而比亚迪选用了磷酸铁锂电池。由于磷酸铁锂的能量密度低于镍钴锰三元材料，导致 e6 的单位电耗落后于其他竞争对手。

比亚迪采用磷酸铁锂的原因是磷酸铁锂虽然能量密度低于三元锂电池，但是却具有高安全性、长寿命、低成本的优势。

三元材料的热稳定性比较差，在 200℃ 左右的外界温度下会产生分解现象，释放出氧气，从而为电池高温起火助燃。但磷酸铁锂在 700℃ 时才会发生分解，即使分解也不会释放氧气。

目前三元锂电池循环寿命在 2500 次左右，而磷酸铁锂电池则在 3500~5500 次，因此寿命更长、更稳定。

此外从原材料角度来看，磷酸铁锂的成本约为三元材料的 40%~50%，因此能够大幅控制成本。按照 91kW·h 计算，e6 的电池系统成本在 10 万元左右，若是采用三元材料，成本价则要飙升至 16~18 万元。

所以，在能量密度、安全、成本等各种因素综合考虑下，比亚迪 e6 选择了磷酸铁锂电池，而并未采用三元材料。

73

实训3　动力电池总成内部结构认知

1. 实操目标

（1）掌握北汽新能源 EV160、EV200 动力电池总成内部结构。

（2）掌握奇瑞 EQ1 – EV（小蚂蚁）动力电池总成内部结构。

（3）掌握特斯拉 Model S 动力电池总成内部结构。

（4）掌握比亚迪 E6 动力电池总成内部结构。

2. 操作时间

90 分钟（每款车型）

3. 实操所需材料与工具

数字万用表（电动汽车专用）、安全绝缘用具、动力电池举升平台、北汽新能源 EV160/EV200 动力电池总成、奇瑞 EQ1 – EV（小蚂蚁）动力电池总成、特斯拉 Model S 动力电池总成、比亚迪 E6 动力电池总成。

4. 注意事项

请务必按照老师的指导，合理使用绝缘安全护具，并严格按老师示范动作操作，做到安全、正确，并防止造成实操总成及车辆的损坏。

5. 实操步骤

（1）动力电池总成验电（有维修开关的首先要拔下维修开关）。

（2）拆卸动力电池总成上盖的连接螺栓，然后取下动力电池总成上盖。

（3）根据图 3-13 所示的动力电池总成内的零部件关联顺序绘制结构图。

（4）安装动力电池总成上盖。

a) b)

图 3-13　动力电池总成

作业记录表

绘制动力电池总成内部结构图

实训 4　动力电池总成更换与维护

1. 实操目标

（1）能够完成动力电池总成拆装更换。

（2）能够完成动力电池密封性测试。

（3）能够完成动力电池等电位测试。

（4）能够完成动力电池绝缘检测。

（5）能够正确使用相关维修工具及设备。

（6）能够规范操作动力电池上下电流程。

2. 操作时间

90 分钟

3. 实操所需材料与工具

数字万用表（电动汽车专用）、安全绝缘用具、绝缘工具套件、扭力扳手、加力杆、动力电池举升平台、北汽新能源 EV160/EV200 实训整车、放电工装、绝缘表、教学用动力电池实训台架套装。

4. 注意事项

请务必按照老师的指导，合理使用绝缘安全护具，并严格按老师示范动作操作，做到安全、正确，并防止造成实操总成及车辆的损坏。

5. 实操步骤

（1）动力电池总成拆装

① 高压安全断电。

② 举升车辆。

③ 动力电池外观与高压断电检查。

④ 动力电池与高压系统验电检查。

⑤ 高压插件绝缘防护。

⑥ 拆卸动力电池。

⑦ 按照与拆卸相反的顺序进行安装。

⑧ 打开点火开关，检查车辆上电是否正常。

⑨ 连接诊断仪，读取系统有无故障码。

⑩ 连接充电模式 2，检查车辆充电是否正常（图 3-14）。

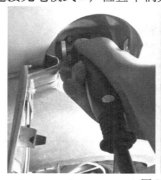

图 3-14　检查车辆充电是否正常

75

作业记录表

序号	作业项目	作业内容		
1	车辆上电	上电状态	判定结果：合格 □	不合格 □
2	读取故障码	故障码	判定结果：合格 □	不合格 □
3	车辆充电	充电数值	判定结果：合格 □	不合格 □

（2）动力电池密封性测试（图 3-15）

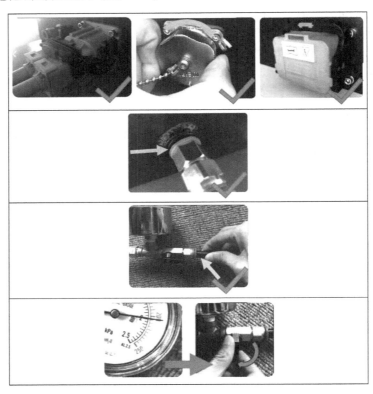

图 3-15 动力电池密封性测试

① 动力电池验电。

② 清洁动力电池外观，安装动力电池维护开关、高压插头及低压端盖。

③ 拆卸动力电池安全阀，安装气管转换阀。

④ 连接气管、压力表和打气筒，然后接到动力电池转接阀上。

⑤ 用打气筒对动力电池箱内部充入 2～2.5kPa 压力的气体。

⑥ 观察压力表数值变化，在一分钟内压力回落不能超过 0.2kPa。

⑦ 打开压力表阀门，放出动力电池箱内部气体并将压力表及气管拆下。

⑧ 拆卸转接阀，安装泄压阀，并使用 10N·m 力矩拧紧。

作业记录表

作业项目	作业内容		
气密性测试	保压数值	判定结果：合格 □	不合格 □

（3）动力电池等电位测试（图 3-16）

① 检查仪表外观，打开毫欧表，选择 20mΩ 档。

② 将毫欧表两个表笔短接，旋转调零旋钮对毫欧表进行调零。

③ 将毫欧表调至 200mΩ 档，测量动力电池 4 个测试点与壳体固定螺栓之间的电阻，应不大于 100mΩ。

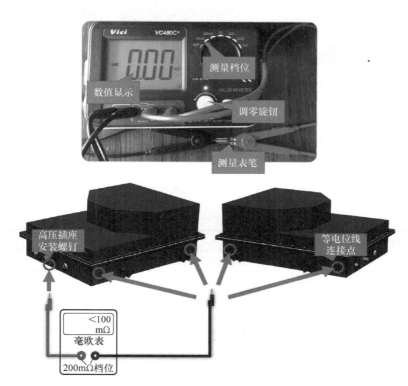

图 3-16 动力电池等电位测试

作业记录表

序号	作业项目	作业内容		
1	检测点 1 测试	等电位数值	判定结果：合格 □	不合格 □
2	检测点 2 测试	等电位数值	判定结果：合格 □	不合格 □
3	检查点 3 测试	等电位数值	判定结果：合格 □	不合格 □
4	检测点 4 测试	等电位数值	判定结果：合格 □	不合格 □

（4）动力电池绝缘检测（图 3-17）

① 拆卸动力电池高压插头及维护开关。

② 用数字式绝缘电阻表对动力电池正极与壳体紧固螺栓进行绝缘测试。

③ 使用数字式绝缘电阻表对动力电池负极与壳体紧固螺栓进行绝缘测试。

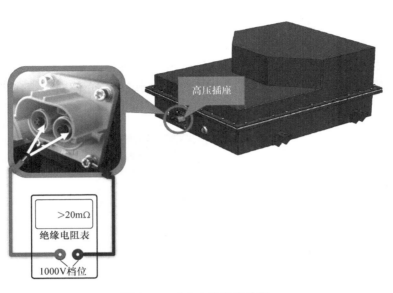

高压插座

>20mΩ

绝缘电阻表

1000V档位

图 3-17　动力电池绝缘检测

作业记录表

序号	作业项目	作业内容		
1	正极对地	绝缘数值	判定结果：合格 □	不合格 □
2	负极对地	绝缘数值	判定结果：合格 □	不合格 □

本 章 小 结

1. 电池单体由于容量有限，无法适应新能源汽车的动力需求，因此只有电池成组才能提供新能源汽车正常工作的动力来源。

2. 电池成组是将多个电池单体串联、并联在一起工作，但由于各电池性能间存在不一致性，电池成组时要注意一些问题。

3. 电池成组时电池单体的选择，以及采用何种拓扑结构取决于车辆的动力需求和动力电池的安装位置。

4. 动力电池成组的硬件组成与电连接设计要符合新能源汽车行业的规范要求。

5. 电池箱的设计需要考虑多个方面的因素，包括机械结构安全性，电安全性、防水防尘密封性能、通风散热及加热性能。

6. 介绍了典型电动汽车动力电池的性能参数及特点。

复习思考题

1. 电池成组要注意哪些问题？

2. 电池成组的拓扑结构有哪些？先并联后串联与先串联后并联各自有哪些优势？

3. 电池串联有什么特性？电池并联有什么特性？

4. 动力电池模组的固定连接从使用功能方面分为哪几类？

5. 在设计电池箱时要考虑哪些要求？

6. 目前常见车型都采用哪些锂离子电池，各有何特点？

7. 已知 18650 型三元锂电池的单体最低工作电压为 3V，最高工作电压为 4.2V，请根据书中介绍的特斯拉 Model S 电池组的情况，计算该动力电池正常工作的电压范围。

第 ④ 章 ▶▶▶▶▶

动力电池管理系统

学习目标:

- 掌握动力电池管理系统的功能。
- 掌握动力电池电量管理、电安全管理、均衡管理、热管理等的原理。
- 掌握动力电池管理系统电压、电流等参数的检测采集方法。

电池管理系统(Battery Management System, BMS)是对电池进行监控和管理的系统,它通过对电压、电流、温度以及 SOC 等参数进行采集、计算,进而控制电池的充放电过程,实现对电池的保护,提升电池的综合性能,是连接车载动力电池和新能源汽车的重要纽带。对于新能源汽车而言,通过该系统对电池组充放电的有效控制,可以增加续驶里程,延长电池使用寿命,降低运行成本,保证动力电池组的安全性和可靠性。

4.1 动力电池系统的结构组成

一个完整的动力电池系统主要由动力电池模组、电池管理系统、辅助元器件及动力电池箱四部分组成,如图 4-1 所示。

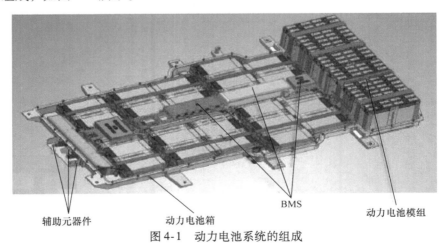

图 4-1　动力电池系统的组成

4.1.1 动力电池模组

动力电池模组是由几颗到数百颗电池单体经并联及串联所组成的组合体,例如北汽 EV160 纯电动汽车的电池组成方式是 1P100S,即采用了 100 个磷酸铁锂电池单体串联在一起组成了车辆的动力电池模组，如图 4-2 所示；而北汽 EV200 纯电动汽车的电池组成方式是 3P91S，即该动力电池是由 3 个三元电池单体并联组成一个模块，再用 91 个这样的模块串联成一个整体，构成了动力电池总成。注意：字母 P 表示并联，字母 S 表示串联。

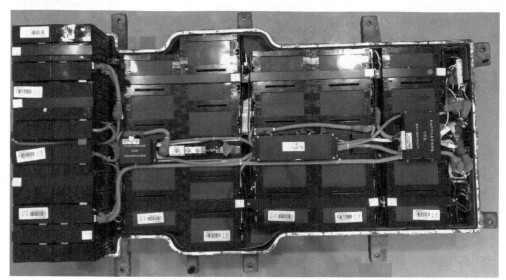

图 4-2　北汽 EV160 普莱德磷酸铁锂电池包

4.1.2　电池管理系统

BMS 由硬件和软件组成，硬件有主控板、从控板及高压盒，还包括采集电压、电流、温度等数据的电子器件；BMS 的软件主要用于监测电池的电压、电流、SOC 值、绝缘电阻值、温度值，通过与整车控制器（VCU）、充电机的通信，来控制动力电池系统的充放电。

BMS 是电池保护和管理的核心部件，在动力电池系统中，它的作用就相当于人的大脑。它不仅要保证电池安全可靠的使用，而且要充分发挥电池的能力和延长使用寿命。作为电池和整车控制器以及驾驶人沟通的桥梁，BMS 通过控制接触器控制动力电池组的充放电，并向 VCU 上报动力电池系统的基本参数及故障信息。

BMS 通过电压、电流及温度检测等功能实现对动力电池系统的过电压、欠电压、过电流、过高温和过低温保护，以及继电器控制、SOC 估算、充放电管理、均衡控制、故障报警及处理、与其他控制器通信等功能；此外电池管理系统还具有高压回路绝缘检测功能，以及为动力电池系统加热功能。

1. 主控盒

主控盒是一个连接外部通信和内部通信的平台，如图 4-3 所示，它的主要功能是接收电池管理系统反馈的实时温度和单体电压（并计算最大值和最小值）；接收高压盒反馈的总电压和电流情况；与整车控制器的通信；与充电机或快充桩通信；控制正主继电器；控制电池加热；唤醒应答；控制充/放电电流。

2. 高压盒

高压盒，又名绝缘检测盒，作用是监控动力电池的总电压和绝缘性能，如图 4-4 所示，它的主要功能是监控动力电池的总电压（继电器内外 4 个监测点）、检测高压系统绝缘性

图 4-3 主控盒

能、监控高压连接情况（含继电器触点闭合状态检查），然后将监控到的数据反馈给主控盒。

3. 电压和温度采集单元

电池电压和温度采集单元的作用是监控动力电池的单体电压、电池组的温度，主要功能是监控每个单体电压、监控每个电池组的温度、电量（SOC）值监测，然后将监控到的数据反馈给主控盒。

4.1.3 动力电池的辅助元器件

动力电池的辅助元器件主要包括动力电池系统内部的电子电器元件，如熔断器、继电器、分流器、插接件、紧急开关、烟雾传感器、维修开关以及电子电器元件以外的辅助元器件等，如密封条，绝缘材料等。

图 4-4 高压盒

1. 预充继电器与电阻

在充电初期，需闭合预充继电器进行预充电，预充完成后断开预充继电器。预充继电器与电阻如图 4-5 所示。

2. 电流传感器与熔断器

电流传感器的类型为无感分流器，如图 4-6 所示，在电阻的两端形成毫伏级的电压信号，用于监测母线充、放电电流的大小。熔断器主要用于防止能量回收时过电压、过电流或放电时过电流，如图 4-7 所示。北汽 EV200 的熔断器规格为电流 250A、最高电压 500V。

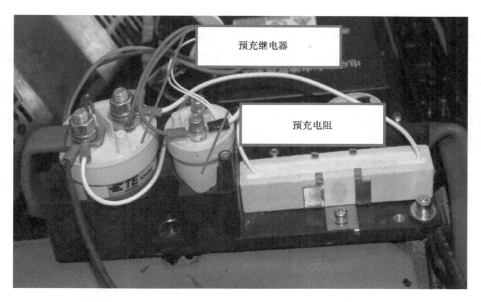

图 4-5　预充继电器与电阻

图 4-6　电流传感器

图 4-7　熔断器

4.1.4　动力电池箱

　　动力电池箱是支撑、固定、包围电池系统的组件，主要包含上盖和下托盘，还有辅助元件，如过渡件、护板、螺栓等，动力电池箱有承载及保护动力电池组及电气元件的作用。

1. 电池箱的技术要求

电池箱体用螺栓连接在车身底板下方，其防护等级为 IP67，螺栓拧紧力矩为 80 ~ 100N·m。动力电池的箱体如图 4-8 所示。整车维护时需观察电池箱体螺栓是否松动，电池箱体是否破损严重变形，密封法兰是否完整，确保动力电池可以正常工作。

2. 外观要求

电池箱体外表面颜色要求为银灰或黑色，亚光；电池箱体表面不得有划痕、尖角、毛刺、焊缝及残余油迹等外观缺陷，焊接处必须打磨圆滑。

图 4-8　动力电池的箱体

4.2　动力电池管理系统的功能和工作原理

动力电池模组放置在密封、屏蔽的动力电池箱里面，通过可靠的高低压插接件与整车的用电设备和控制系统连接。电池系统内的电池管理系统（BMS）实时采集各单体的电压值、各温度传感器的温度值、电池系统的总电压值和总电流值、电池系统的绝缘电阻值等数据，并根据 BMS 中设定的阈值来判定电池工作是否正常，并对故障实时监控。此外动力电池系统还通过 BMS 使用 CAN 总线与整车控制器（VCU）或充电机之间进行通信，进行充放电等综合管理。

4.2.1　动力电池管理系统的功能

电池管理系统的作用是提高电池的利用率，防止电池出现过充电和过放电，延长电池的使用寿命，监控电池的状态。

电池管理系统的主要功能有数据采集、电池状态计算、能量管理、安全管理、热管理、均衡管理、通信功能和人机接口等。图 4-9 所示为电池管理系统功能示意。

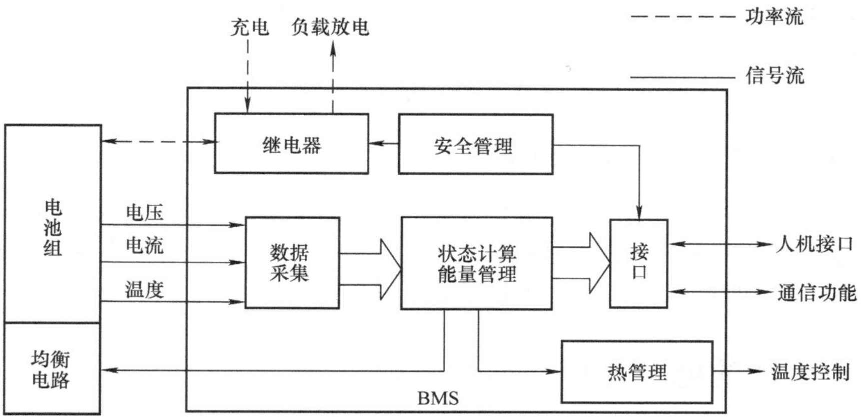

图 4-9　电池管理系统功能示意

1. 数据采集

电池管理系统的所有算法都是以采集的动力电池数据作为输入,采样速率、精度和前置滤波特性是影响电池系统性能的重要指标,电动汽车电池管理系统的速率一般要求大于200Hz (50ms)。

2. 电池状态计算

电池状态计算包括电池组荷电状态 (SOC) 和电池组健康状态 (SOH) 两方面。SOC 用来提示动力电池组剩余电量,是计算和估计电动汽车续驶里程的基础。SOH 用来提示电池技术状态,预计可用寿命等健康状态的参数。

3. 能量管理

能量管理主要包括以电流、电压、温度、SOC 和 SOH 为输入进行充电过程控制,以SOC、SOH 和温度等参数为条件进行放电功率控制两个部分。

4. 安全管理

安全管理包括监视电池电压、电流、温度是否超过正常范围,防止电池组过充、过放。目前,在对电池组进行整组监控的同时,多数电池管理系统已经发展到对极端电池单体进行过充电、过放电、过热等安全状态管理。

5. 热管理

热管理包括在电池工作温度超高时进行冷却,低于适宜工作温度下限时进行电池加热,使电池处于适宜的工作温度范围内,并在电池工作过程中总保持电池单体间温度均衡。对于大功率放电和高温条件下使用的电池,电池的热管理尤为必要。

6. 均衡控制

由于电池的一致性差异导致电池组的工作状态是由最差电池单体决定的,在电池组各个电池之间设置均衡电路,实施均衡控制是为了使各电池单体充放电的工作情况尽量一致,提高整体电池组的工作性能。

7. 通信功能

通过电池管理系统实现电池参数和信息与车载设备或非车载设备的通信,为充放电控制、整车控制提供数据依据是电池管理系统的重要功能之一。根据应用需要,数据交换可采用不同的通信接口，如模拟信号、PWM 信号、CAN 总线或 I2C 串行接口。

8. 人机接口

根据设计的需要设置显示信息以及控制按键、旋钮等。

4.2.2　动力电池管理系统的工作原理

电池管理系统的主要工作原理可简单归纳为，数据采集单元采集动力电池状态信息数据后，由电子控制单元（ECU）进行数据处理和分析，然后电池管理系统根据分析结果对系统内的相关功能模块发出控制指令，并向外界传递参数信息。

4.3　动力电池的电量管理和均衡管理

4.3.1　动力电池的电量管理

电池电量管理（SOC 管理）是电池管理的核心内容之一，对于整个电池状态的控制、电动车辆续驶里程的预测和估计具有重要的意义。

由于动力电池荷电状态（SOC）的非线性，并且受到多种因素的影响，导致电池电量估计和预测方法复杂，准确估计 SOC 比较困难。

1. 电池荷电状态（SOC）估算精度的影响因素

（1）充放电电流

当充放电电流大于额定充放电电流时，可充放电容量低于额定容量；反之，当充放电电流小于额定充放电电流时可充放电容量大于额定容量。

（2）温度

不同温度下电池组的容量存在着一定的变化，温度段的选择及校正因素直接影响到电池性能和可用电量。

（3）电池容量衰减

电池的容量在循环过程中会逐渐减少，因此对电量的校准条件，就需要不断变化，这也是影响模型精度的一个重要因素。

（4）自放电

自放电大小主要与环境温度有关，具有不确定性，需要按实验数据进行修正，这就会影响电池荷电状态（SOC）的估算。

（5）一致性

电池组的一致性对电量的估算有重要的影响。电池组的电量是按照总体电池的电压来估算和校正的，如果电池单体差异较大，将导致估算的精度误差很大。

2. 精确估计 SOC 的作用

（1）保护动力电池

过充电和过放电都会对动力电池造成永久性的损害，严重缩短电池的使用寿命。因此准确控制电池 SOC 范围，可避免电池过充电和过放电。

（2）提高整车性能

SOC 不准确，电池性能不能充分发挥，整车性能降低。

（3）降低对动力电池的要求

准确估算 SOC，电池性能可充分使用，降低对动力电池性能的要求。

（4）提高经济性

选择较低容量的动力电池可以降低整车制造成本，同时，由于提高了系统的可靠性，后期维护成本也得到降低。

3. SOC 估计常用的算法

（1）开路电压法

开路电压法是最简单的测量方法，主要是根据电池组开路电压来判断 SOC 的大小。由电池特性可知，电池组的开路电压和电池的剩余量存在着一定的对应关系，如图 4-10 所示。随着放电电池容量的增加，电池的开路电压降低，可以根据一定的充放电倍率时电池组的开路电压和 SOC 的对应曲线，通过测量电池组开路电压的大小，插值估算出电池 SOC 的值。

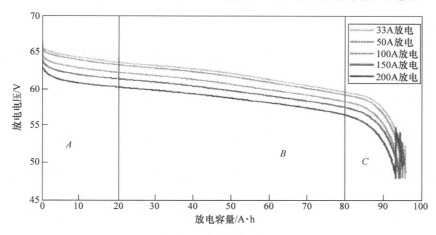

图 4-10　电池组电压与容量的对应关系

开路电压法对电池单体的估计要优于电池组，当电池组中出现电池单体不均衡，会导致电池组的可用容量降低时电压仍很高，因此该方法不适合个体差异大的电池组。

（2）容量积分法

容量积分法是通过对单位时间内流入流出电池组的电流进行累积，从而获得电池组每一轮放电能够放出的电量，确定电池 SOC 的变化。

电流积分法存在着一定的误差，多次循环之后会出现一些误差积累，使误差越来越大，因此需要校正。目前的方法大多是利用电池组电压来校正因电流积分导致的累积误差，由于电压和容量的对应关系受到温度、放电电流、电池组均衡性的影响，仅仅通过电压法校正 SOC 的精度仍然较低，还需要做进一步的改进。

（3）电池内阻法

电池内阻有交流内阻（常称交流阻抗）和直流内阻之分，它们都与 SOC 有密切关系，但交流阻抗是个复数变量，难于测量，所以一般是测量直流内阻。准确测量电池单体内阻比较困难，这是直流内阻法的缺点。在某些电池管理系统中，常采用内阻法与容量积分法组合用来提高 SOC 估算的精度。

（4）模糊逻辑推理和神经网络法

模糊逻辑接近人的形象思维方式，擅长定性分析和推理，具有较强的自然语言处理能力；神经网络采用分布式存储信息，具有很好的自组织、自学习能力。

它们共同的特点：均采用并行处理结构，可从系统的输入、输出样本中获得系统输入输出关系。

神经网络法适用于各种电池，其缺点是需要大量的参考数据进行训练，估计误差受训练数据和训练方法的影响很大。

（5）卡尔曼滤波法

卡尔曼滤波法核心思想是对动力系统的状态做出最小方差意义上的最优估算，适用于各种电池，不仅给出了 SOC 的估计值，还给出了 SOC 的估计误差；缺点是要求电池 SOC 估计精度越高，电池模型越复杂，涉及大量矩阵运算，工程上难以实现。该方法对于温度、自放电率以及放电倍率对容量的影响考虑的不够全面。

4.3.2　动力电池的均衡管理

为了平衡电池单体的容量和能量差异，提高电池组的能量利用率，在电池组的充放电过程中需要使用均衡电路。

根据均衡过程中所传递能量的处理方式不同，均衡电路可以分为能量耗散型均衡和非能量耗散型，现又分别称之为被动均衡和主动均衡。

能量耗散型均衡主要让电池组内能量较高的电池，利用其旁路电阻进行放电的方式损耗部分能量，以期达到电池组能量状态的一致，这种均衡结构以损耗电池组能量为代价，并且由于生热问题导致均衡电流不能过大，适用于小容量电池系统，以及能量能够及时得到补充的系统，如混合动力汽车。

非能量耗散式均衡电路拓扑结构已经出现很多种，本质上是利用储能元件和均衡旁路构建能量传递通道，将其从能量较高的电池直接或间接转移到能量较低的电池。

1. 能量耗散型均衡管理

能量耗散型通过电池单体的并联电阻进行充电分流从而实现均衡，电路结构简单，均衡过程一般在充电过程中完成，对容量低的电池单体不能补充电量。能量耗散型一般分为两种类型：

（1）恒定分流电阻均衡充电电路

每个电池单体上都始终并联一个分流电阻，其优点是可靠性高，分流电阻大，通过固定分流来减小由于自放电导致的电池单体差异；缺点是无论电池充电还是放电过程，分流电阻始终消耗功率，能量损失大，该类型一般在能够及时补充能量的场合适用。

（2）开关控制分流电阻均衡充电电路

分流电阻通过开关控制，在充电过程中，当电池单体电压达到截止电压时，均衡装置能阻止其过充电并将多余的电能量转换为热量。

此类型优点是可以对充电时电池单体电压偏高者进行分流，缺点是由于均衡时间的限制，导致分流时产生大量的热量，需要及时通过热管理系统消散，尤其是在容量较大的电池中更加明显。

能量耗散型电路结构简单，但均衡电阻在分流的过程中，不仅消耗了能量，而且还会由于电阻的发热引起电路的热管理问题，因为其实质是通过能量消耗的办法，限制电池单体出现过高或过低的端电压，所以该方法只适合在静态均衡中使用，其高温升等特点降低了系统的可靠性，不适用于动态均衡。该方式仅适合于小型电池组或者容量较小的电池组。

2. 非能量耗散型均衡管理

非能量耗散型电路的耗能相对于能量耗散型电路小很多，但电路结构相对复杂，可分为能量转换式均衡和能量转移式均衡两种方式。

（1）能量转换式均衡

能量转换式均衡是通过开关信号，将电池组整体能量对电池单体进行能量补充，或者将电池单体能量向整体电池组进行能量转换。

单体能量向整体能量转换，一般是在电池组充电中进行的，电路如图 4-11 所示。该电路是检测各个电池单体的电压值，当电池单体电压达到一定值时，均衡模块开始工作，把电池单体中的充电电流进行分流从而降低充电电压，分出的电流经模块转换把能量反馈回充电总线，达到均衡的目的。有的能量转换式均衡，可以通过续流电感完成单体到能量转换。

电池组整体能量向单体转换电路如图 4-12 所示。这种方式也称为补充式均衡，即在充电过程，首先通过主充电模块对电池组进行充电，电压检测电路对每个电池单体进行监控，当任一个电池单体的电压过高，主充电电路就会关闭，然后补充式均衡充电模块开始对电池组充电。

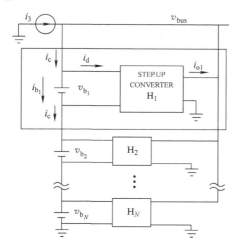

图 4-11　单体电压向整体电压转换

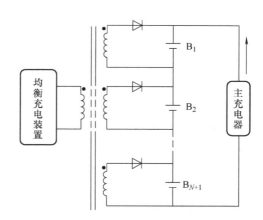

图 4-12　补充式均衡

能量转换式电路是一种通过开关电源来实现能量转换的电路，相对于能量转移式均衡电路来说，它的电路复杂程度降低了很多，成本也降低了。但对同轴线圈，由于绕组到各单体之间的导线长度和形状不同，变压比有差异，导致对每一个电池单体均衡的不一致，有均衡误差，另外同轴线圈本身由于电磁泄漏的问题，也消耗了一定的能量。

（2）能量转移式均衡

能量转移式均衡是利用电感或电容等储能元件，把电池组中容量高的电池单体，通过储能元件转移到容量比较低的电池上，如图 4-13 所示。该电路是通过切换电容开关，传递相邻电池间的能量，从而达到均衡的目的，另外也可以通过电感储能的方式对相邻电池间进行双向传递。此电路的能量损耗很小，但是均衡过程中必须有多次传输，均衡时间长，不适于多串联的电池组。

能量转移式均衡是一种电池容量补偿的方法，就是从容量高的电池取一些电量来补偿容量低的电池，这种方法虽然可行，但是由于在实际电路中需要对各个电池单体电压进行检测判断，电路会很复杂，且体积大，成本高，另外能量的转移是通过一个储能媒介来实现的，存在一定的消耗及控制问题。该均衡方式一般应用于中大型电池组中。

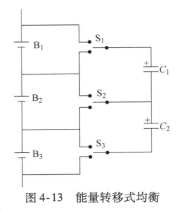

图 4-13　能量转移式均衡

3. 均衡管理系统应用中存在的问题

现有的电池均衡方案中，基本上是以电池电压来判断电池的容量，是一种电压均衡方式。要达到对电池组均衡的目的，首先对电压检测的准确性和精度要求很高，而电压检测电路漏电流的大小，直接影响电池组的一致性，因此设计出简单高效的电压检测电路是均衡电路需要解决的一个问题。

另外电压不是电池容量的唯一量度，电池内阻及连接方式的接触电阻也会导致电池电压的变化，因此，如果一味按照电压进行均衡，将会导致过度均衡，从而浪费能量，极端情况下有可能导致容量均衡的电池组出现不均衡。

4.4　动力电池的热管理、安全管理和通信管理

4.4.1　动力电池的热管理

动力电池使用热管理系统使电池温度保持在正常范围内，镍氢电池和锂离子电池最好在 20～40℃温度区间内工作，这与人类感觉舒适的温度恰好一致。电性能在接近冰点以下温度时变差。温度高于 40℃会导致充电效率降低，并加速各类失效模式的进程，减少寿命。过高的温度也可能导致发生安全问题。

目前电动汽车自燃事件频出，究其原因主要与电池管理系统的热管理有关。由于过高或过低的温度都将直接影响动力电池的使用寿命和性能，并有可能导致电池系统的安全问题，并且电池箱内温度场的长久不均匀分布将造成各电池模块、单体间性能的不均衡，因此电池热管理系统对于电动车辆动力电池系统而言是必需的。可靠、高效的热管理系统对于电动车辆的可靠安全应用意义重大。

1. 动力电池热管理系统的功能

① 电池温度的准确测量和监控。

② 电池组温度过高时的有效散热和通风。

③ 低温条件下的快速加热。

④ 有害气体产生时的有效通风。

⑤ 保证电池组温度场的均匀分布。

2. 电池内传热的基本方式

电池内热传递方式主要有热传导、对流换热和辐射换热三种方式，电池和环境交流的热量也是通过辐射、传导和对流三种方式进行的。

辐射换热主要发生在电池表面，与电池表面材料的性质相关。热传导指物质与物体直接接触而产生的热传递。电池内部的电极、电解液、集流体等都是热传导介质。对流换热是电池表面的热量通过环境介质（一般为流体）的流动交换热量，它和温差成正比，温差越大，交换的热量也越大。

对于电池单体内部而言，热辐射和热对流的影响很小，热量的传递主要是由热传导决定的，电池自身吸热的大小与材料的比热有关，比热越大，散热越多，电池的温升越小。如果散热量大于或等于产生的热量，则电池温度不会升高；如果散热量小于所产生的热量，热量将会在电池体内产生热积累，电池温度升高。

3. 电池组热管理系统设计实现

按照传热介质，可将电池组热管理系统分为空冷、液冷和相变材料冷却三种，目前最有效且最常用的散热系统是采用空气作为散热介质。

空冷系统又分串行通风方式和并行通风方式两种，如图 4-14 和图 4-15 所示。

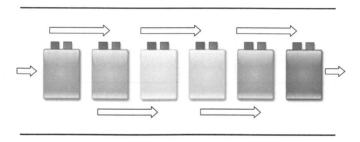

图 4-14　串行通风方式

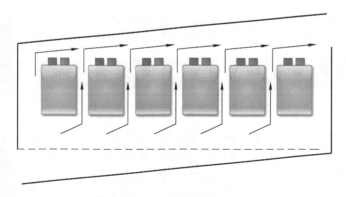

图 4-15　并行通风方式

串行通风气流会将先流过地方的热量带到后流过的地方，从而导致两处温度不一致，且温差较大。而并行通风空气都是直立上升型气流，这样可更均匀地分配气流，从而保证电池包各处散热的一致性。

热管理系统按照是否有内部加热或制冷装置可分为被动式和主动式两种，如图 4-16 ~ 图4-18所示。被动系统成本较低，采取的设施相对简单，主动系统相对复杂，并且需要更大的附加功率，但效果好。

加热系统中，除了采用将热空气引入动力电池中的方式外，还可以采用其他方式，如图

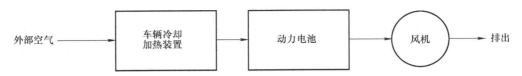

图 4-16 被动加热与散热（外部空气流通）

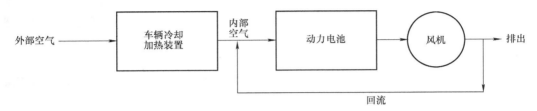

图 4-17 被动加热与散热（内部空气流通）

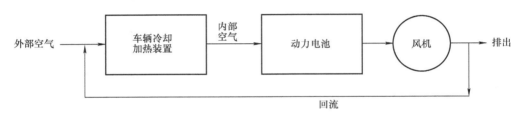

图 4-18 主动加热与散热（外部和内部空气流通）

4-19 ~ 图 4-22 所示。

图 4-19 电池列前后缠绕硅胶加热线

图 4-20 电池列间添加电热膜

图 4-21 电池本体上包覆电热膜

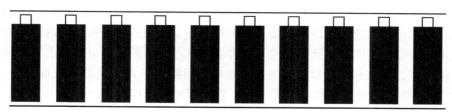

图 4-22　电池上下添加加热板

4.4.2　动力电池的安全管理

电动汽车动力电池系统电压常用的有 288V、336V、384V 以及 544V 等，已经大大超过了人体可以承受的安全电压，因此电动汽车动力电池系统电气绝缘性能是电安全管理的重要内容，绝缘性能的好坏不仅关系到电气设备和系统能否正常工作，更重要的是还关系到人的生命财产安全。

1. 动力电池电安全管理系统的功能

动力电池电安全管理系统的功能主要包括烟雾报警、绝缘检测、自动灭火、过电压和过电流控制、过放电控制、防止温度过高、在发生碰撞的情况下关闭电池等功能。

动力电池安装在电动汽车上，因此必须满足车辆部件的耐振动、耐冲击、耐跌落、耐盐雾等强度要求，保证可靠应用。此外为满足防水、防尘要求，动力电池应满足一定的 IP 防护等级，一般 IP 防护等级不低于 IP55。

在极端工况下，通过电池安全管理系统应能实现动力电池的高压断电保护、过电流断开保护、过放电保护、过充电保护等功能。

2. 烟雾报警

在车辆行驶过程中由于路况复杂及电池本身的工艺问题，可能由于过热、挤压和碰撞等原因而导致电池出现冒烟或着火等极端恶劣的事故，若不能即时发现并得到有效处理，势必导致事故的进一步扩大，对周围电池、车辆以及车上人员构成威胁，严重影响车辆运行的安全性。为防患于未然，近年来烟雾检测被引入电池管理系统和监测中，并越来越受到重视。

烟雾传感器种类繁多，从检测原理上可分为三类：一是利用物理、化学性质的烟雾传感器，如半导体烟雾传感器、接触燃烧烟雾传感器等；二是利用物理性质的烟雾传感器，如热导型烟雾传感器、光干涉烟雾传感器、红外传感器等；三是利用电化学性质的烟雾传感器，如电流型烟雾传感器、电势型气体传感器等。但由于烟雾的种类繁多，一种类型的烟雾传感器不可能检测所有的气体，通常只能检测某一种或两种特定性质的烟雾。

动力电池管理系统中烟雾报警的报警装置应安装于驾驶人控制台，在接收到报警信号时，迅速发出声光报警和故障定位，保证驾驶人能够及时发现，能接收报警器发出的报警信号。

在动力电池上应用，需要在了解电池燃烧产生的烟雾构成的基础上进行传感器的选择。一般电池燃烧产生大量的 CO 和 CO_2，因此可以选择对这两种气体敏感的传感器。在传感器的结构上需要适应车辆长期应用的振动工况，防止由于路面灰尘、振动引起的传感器误动作。

图 4-23 所示为北京理工大学开发的奥运电动客车中应用的电池系统烟雾报警系统。该

系统采用9V碱性或碳性电池供电，保证24h都能正常工作。报警信号采用车上24V蓄电池电源，该路电源单独供应，保证了报警系统的独立性。分散的报警器通过内部烟尘传感器检测烟尘浓度，当烟尘浓度未达到限量时，报警器内部控制器控制继电器输出为开路；当烟尘浓度超过限量时，其内部控制器控制继电器输出为短路，将24V电源正极迅速引入显示板，与显示板上的−24V电源负极形成报警回路，发出声光报警信号。

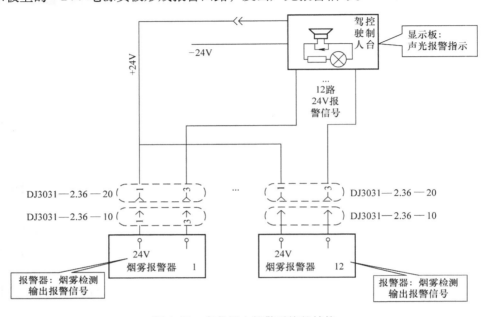

图4-23　车载烟尘报警系统的结构

3. 绝缘检测

（1）漏电直测法

将万用表打到电流档，串在电池组正极与设备外壳（或者地）之间，可检测到电池组负极对壳体之间的漏电流。

将万用表打到电流档，串在电池组负极与壳体之间，检测电池组正极对壳体之间的漏电流。

该方法简单易行，在现场故障检测、车辆例行检查中常用。

（2）电流传感法

将动力电池系统的正极和负极总线一起同方向穿过电流传感器，当没有漏电流时，从正极流出的电流等于返回到电源负极的电流，因此，穿过电流传感器的电流为零，电流传感器输出电压为零，当发生漏电现象时，电流传感器的输出电压不为零。根据该电压的正负可以进一步判断该漏电电流是来自于电源正极还是负极。

应用这种检测方法的前提是待测动力电池组必须处于工作状态，要有工作电流的流入和流出，它无法在系统空载的情况下评价电池系统对地的绝缘性能。

（3）绝缘电阻表测量法

老式绝缘电阻表俗称兆欧表，大多采用手摇发电机供电，故又称摇表。它的刻度是以绝缘电阻为单位的，是电工常用的一种测量仪表，用绝缘电阻表可直接测量绝缘电阻的阻值。

在电池管理系统中常用的是在电路中测量直流电压绝缘电阻的阻值方法，此外还有平衡桥法、高频信号注入法和辅助电源法等。

4.4.3　动力电池的数据通信

数据通信是电池管理系统的重要组成部分之一，主要涉及电池管理系统内部主控板与检测板之间的通信、电池管理系统与整车控制器、非车载充电机等设备间的通信。

在有参数设定功能的电池管理系统上，还有电池管理系统主控板与上位机的通信。CAN通信方式是现阶段电池管理系统通信应用的主流，RS232、RS485 总线等方式在电池管理系统内部通信中也有应用。

如图 4-24 所示，该纯电动客车电池管理系统可实现电池单体电压检测、电池温度检测、电池组工作电流检测、绝缘电阻检测、冷却风机控制、充放电次数记录和 SOC 的估测等功能。其中，RS232 主要实现主控板与上位机或手持设备的更新，完成主控板、检测板各种参数的设定；RS485 实现主控板与检测板之间的通信，完成主从板电池数据、检测板参数的传输；CAN 通信分为 CAN1 和 CAN2 两路，CAN1 主要与整车控制器通信，完成整车所需电池相关数据的传输，CAN2 主要用于车载仪表、非车载充电机通信，实现电池数据的共享，并为充电控制提供数据依据。

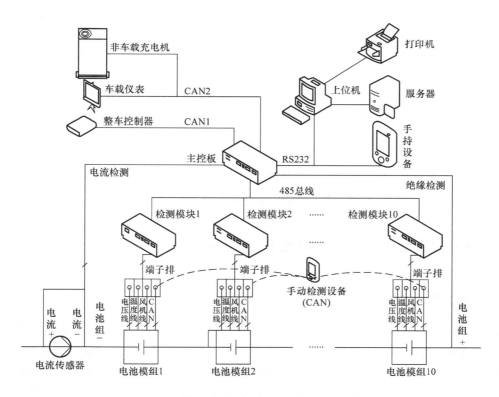

图 4-24　某纯电动客车电池管理系统通信方式

图 4-25 所示为车载运行模式下电池管理系统的结构。图 4-26 所示为在应急模式下电池

管理系统的结构。

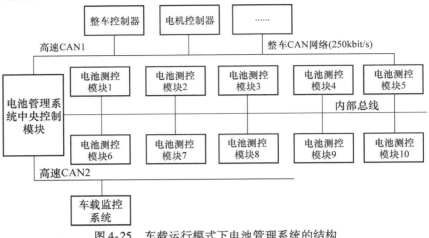

图 4-25 车载运行模式下电池管理系统的结构

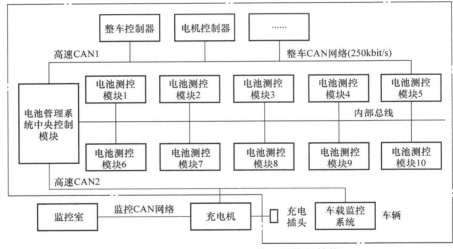

图 4-26 应急模式下电池管理系统的结构

4.5 动力电池管理系统检测及充电管理

4.5.1 动力电池的电压检测

图 4-27 所示是动力电池管理系统与外部系统 CAN 通信关系框图。多个电池单体并联后形成基础模块，基础模块再串联形成便于在电池内布置的模组；每个模组编上序号，每个模组内的基础模块也都有自己的序号，即 n 模组×× 号电池。各个模组内电池基础模块正负极分别引出检测线，集中成低压检测线束，送到电压采集从控盒对应的插接件上，然后分别引导单体电压检测电阻矩阵的对应电阻上。从控盒电路板上的检测电路对各个单体巡回检查，电压数据经隔离后送到电路板计算区域处理，再通过内部 CAN 线传输至主控盒分析处理；主控盒要进一步计算整个电池的 SOC、电池单体最高电压与最低电压的差值是否超标，是否

达到放电截止电压或充电截止电压，做后续控制处理。

电池温度检测：电池温度检测一般是在电池模组上安置温度传感器检查，温度传感器安置在模组的接线柱附近，温度传感器的测量引线分别送到从控盒的插接件对应针脚上，由从控盒内电路测量处理，并经内部 CAN 线传输至主控盒电路上处理。温度信号对于电池的热保护、高低温加热或冷却控制是十分重要的因素。图 4-28 所示是某款电池单体电压检测接点分布。

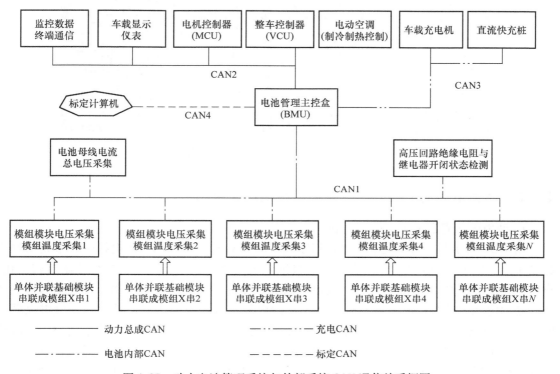

图 4-27　动力电池管理系统与外部系统 CAN 通信关系框图

图 4-28　单体电压检测接点

单体电压检测用电阻阵列取单体电压值，每个单体的正极和负极引出检测线，连接到电阻阵列对应的电阻前，由控制板上的测量电路按顺序接通检测电阻，这样在检测电阻上就可以取出某个单体的电压值，如图4-29所示。控制板上的测量电路把检测到的每个单体的电压值比较、运算、判断，查看单体一致性是否符合要求。放电时单个单体达到放电截止电压，停止放电。充电时单个单体达到充电截止电压，停止充电。

图4-29　单体电压检测线与检测电阻阵列

4.5.2　动力电池继电器开闭状态检测与高压回路绝缘检测

1. 动力电池高压上下电过程控制

图4-30所示是动力电池上下电过程原理。动力电池对外部负载上电指令一般是驾驶人起动车辆，钥匙置ON档位，动力电池负极继电器闭合，全车高压系统各个控制器初始化、自检，完成后向CAN线通报，动力电池对内部单体电压和温度检查合格、母线绝缘检测合格，动力电池主控盒接通预充继电器（预充继电器与预充电阻串联，然后与正极继电器并联），动力电池为外部负载所有电容器充电，当充电电压与动力电池电压差值小于5V时认为预充结束，控制闭合正极继电器，对外负载上电，正极继电器闭合10ms后，预充继电器断开。仪表屏幕显示READY，上电结束。当钥匙置OFF档位，动力电池主控盒控制正极继电器和负极继电器断开，全车高压下电。在高压上电后如果发生重要故障，主控盒也会断开正极和负极继电器。

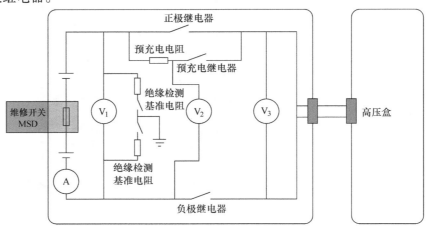

图4-30　动力电池上下电过程原理

2. 动力电池高压回路关键控制点的电压检测

动力电池对外高压上下电过程，有几个重要时间节点必须检测高压回路的关键控制点。图 4-30 所示中 V_1 检测的是动力电池串联后的总电压，当维修开关 MSD 插入良好，或者没有配置维修开关，V_1 可以测出动力电池总电压。也就是说 V_1 电压值可以判断动力电池串联回路的连接是否完好。V_2 检测的是预充电阻之后的电压，预充继电器闭合后高压回路接通，V_2 电压随着电容器充电迅速上升，当 V_2 与 V_1 差值小于 5V 时，判定为预充电结束，闭合正极继电器。当预充电时间超过设定时间，系统判断并记录预充电超时故障。正极继电器和预充电继电器闭合时间会重叠 10ms，保证对外供电流畅。如果 V_2 与 V_1 电压相等，预充电继电器判定已经断开，或因故障没有按要求闭合。

负极继电器闭合后，正极继电器和预充电继电器都没有闭合，V_3 电压为 0V；当预充电继电器闭合，正极继电器断开，V_3 电压等于 V_2 电压；当主正继电器闭合后，V_3 电压等于 V_1 电压，由 V_1、V_2、V_3 电压值的比较就可以判断各个继电器触点是否按要求正确开闭。

V_1、V_2、V_3 电压检测点位置设置在继电器主触点处，通常用螺栓把检测线的线端固定在主触点座上，检测线连接到高压盒。

3. 高压回路绝缘状况检测

高压回路绝缘状况检测点，设置在正极母线和负极母线断电器主触点处，动力电池金属底壳与车身接地良好，通过检测高压回路正负母线对车辆底盘的绝缘电阻来反映高压电气系统的绝缘性能。

为检测绝缘电阻，将动力电池高压电源作为检测电源，在电源正极、负极和车辆底盘之间建立桥式阻抗网络，如图 4-31 所示，其中绝缘监测电路 A 点与电源正极相连，B 点与电源负极相连，O 点与车辆底盘相连。U_0 为高压电源的输出电压，I 为绝缘检测电路内部电流。R_{g1}、R_{g2} 分别为高压正、负极引线对底盘的绝缘电阻（可以想象成一个实体电阻），其阻值根据正负母线对地（电池包壳体对车身接地）绝缘状况可能是变化的；母线对车身地绝缘良好，阻值无穷大，母线绝缘层损坏，阻值会变小。限流电阻 R 有两个，阻值非常大，有的电动汽车 $R = 20\text{k}\Omega$。

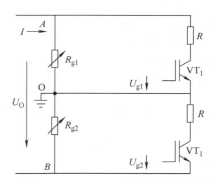

图 4-31　桥式阻抗网络电路

VT_1、VT_2 为电子控制开关管，由高压盒内部控制器通过控制其导通与关断，改变点 A 和点 B 之间的等效电阻和电源的输出电流 I。根据 U_0、I 和等效电阻之间的关系，可以计算出 R_{g1} 和 R_{g2}。相对电压 U_0 而言，开关管 VT_1 和 VT_2 的导通电压很小，可以忽略不计。在电动汽车运行过程中，电压 U_0 随着电量变化而变化，其数值要和电流 I 同时采集。

当 VT_1 导通、VT_2 关断时，图 4-32 所示桥式阻抗网络的等效形式为 R_{g1} 与 R 并联后与 R_{g2} 串联，这时，电源电压为 U_{01}，电流为 I_1。

$$U_{01} = I_1\big[R_{g2} + R_{g1}R/(R_{g1} + R)\big] \tag{4-1}$$

当 VT_2 导通、VT_1 关断时，图 4-33 所示桥式阻抗网络的等效形式为 R_{g2} 与 R 并联后与 R_{g1} 串联，这时，电源电压为 U_{02}、电流为 I_2。

$$U_{02} = I_2\big[R_{g1} + R_{g2}R/(R_{g2} + R)\big] \tag{4-2}$$

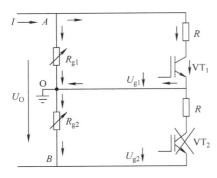 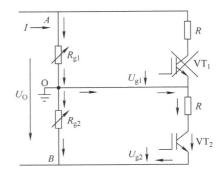

图 4-32　VT_2关断时的桥式阻抗网络等效电路　　图 4-33　VT_1关断时的桥式阻抗网络等效电路

当高压电源正、负极引线对底盘绝缘性能较好，满足 $R_{g1} > 10R$、$R_{g2} > 10R$ 时，可以做以下近似处理：

$$R_{g1}R/(R_{g1} + R) \approx R \tag{4-3}$$

$$R_{g2}R/(R_{g2} + R) \approx R \tag{4-4}$$

由式（4-1）～式（4-4）得到：

$$R_{g1} = U_{O2}/I_2 - R \tag{4-5}$$

$$R_{g2} = U_{O1}/I_1 - R \tag{4-6}$$

如果 VT_1 和 VT_2 同时关断，电流 I 大于 2mA，说明绝缘电阻 R_{g1}、R_{g2} 之和小于 250kΩ，电源的正、负极引线电缆对底盘的绝缘性能都不好，检测系统不再单独检测 R_{g1} 和 R_{g2}，立即发出报警信号。绝缘电阻是反映电池用电安全的重要方面，根据人体所能承受的电压范围，当监测到绝缘电阻小于 500Ω/V 时，电池管理系统立即对驾驶人做出安全警告或做出切断高压继电器动作。

4.5.3　动力电池母线电流与电压检测

动力电池母线电流检测一般有两种方法：一种是在电池高压回路上串联电流传感器，如图 4-34 所示；另一种是用霍尔电流传感器套在高压母线上，检测的电流信号送到控制盒，如图 4-35 所示。

图 4-34　串联在主回路内的电流传感器

母线电流用以判断是否过放或过充，是否降功率运行，主控盒是否采取进一步相应措施，相应数据还送到显示仪表、整车控制器和数据采集终端。

动力电池母线电压信息直接在正负母线接线柱上取出送到高压盒内，隔离处理后检测计算即可。

图4-35　套装在母线上的霍尔电流传感器

4.5.4　电池管理系统的工作模式

电池管理系统有五种工作模式，即下电模式、准备模式、上电模式、充电模式及故障模式，具体内容如下。

1. 下电模式

下电模式是整个系统的低压与高压部分处于不工作状态的模式。在下电模式下，动力电池管理系统控制的所有高压继电器均处于断开状态；低压控制电源处于不供电的状态，只有动力电池内部控制器的低压常供电有静态维持电流。

2. 准备模式

准备模式时，系统所有的继电器均处于未吸合状态。当系统接收到外界起动钥匙 ON 档位信号，整车控制器、电机控制器、充电插头开关等部件发出的硬线信号或受 CAN 报文控制的低压信号后，动力电池管理系统控制初始化、自检完成后，电池管理系统进入下一步上电模式。

3. 上电模式

当电池管理系统自检合格后，检测到起动钥匙的高压上电信号后，系统将首先闭合负极继电器。由于驱动电机是感性负载，驱动电机控制器内部电路有大电容，为防止过大的电流冲击，负极继电器闭合后，先闭合与正极继电器并联的预充电阻和预充继电器，进入预充电状态；当电机控制器内电容两端电压达到母线电压的 90% 时，立即闭合正极继电器，延迟 10ms 后，断开预充继电器进入放电模式。

4. 充电模式

当电池管理系统检测到充电唤醒信号时，系统即进入充电模式。在该模式下正极、负极继电器闭合；同时为保证低压控制电源持续供电，DC - DC 变换器需处于工作状态。

充电模式下，动力电池管理系统不响应起动钥匙发出的任何指令，充电插件发出的充电唤醒信号作为充电模式的判定依据。

磷酸铁锂电池低温条件下的充电特性不好，从充电安全考虑，在进入充电模式之前对系统进行一次温度判别。当电池温度低于 0℃ 时，系统进入充电预热模式，此时通过接通电池内加热继电器向铺设在电池箱内的加热毯供电，对电池模组预热；当电池内的温度高于 0℃ 时，系统可进入充电模式，即闭合正极、负极继电器。

5. 故障模式

故障模式是控制系统中常出现的一种状态。由于动力电池具有高压电，关系到使用者和维修人员的人身安全，动力电池管理系统对于各种工作模式采取"安全第一"的原则。电池管理系统对于故障的响应还需根据故障等级而定，当故障级别较低，系统可采取报错或发出轻微报警信号告知驾驶人；而当故障级别较高，甚至伴随有危险时，系统将采取断开高压继电器的控制策略，如图 4-36 所示。

符号	名称	对应电池故障类型	故障确认方法	处理方法
HV ! +	动力电池故障	动力电池所有二级故障和一级故障	采集CAN1的报文数据，读取报文数据，确认是否上报以上电池故障	这类故障均属于零部件质量问题，可交由供应商售后做维护处理
+	动力电池断开	四类动力电池一级故障：详见故障处理策略	1) 采集CAN1的报文数据，读取报文数据，确认是否上报电池一级故障 2) 电池若无一级故障，需要检查其他零部件是否存在故障	上报四种一级故障时，均需立刻停止使用
HV +	动力电池绝缘电阻低	绝缘电阻过低二级故障（会伴随动力电池故障、断开故障一并出现）	1) 先单独对动力电池系统进行绝缘检测，测量电池是否≤40kΩ 2) 如果电池绝缘电阻正常，就要排查整车高压回路中其他高压零部件的绝缘电阻是否正常，如电机、充电机、DC-DC	对于绝缘存在问题的零部件进行整改

图 4-36　行车状态下三类故障的处理方法

注意：其他控制器响应动力电池二级故障的延时时间建议少于 60s，否则会引发动力电池上报一级故障。

4.5.5　动力电池的充电

1. 车载充电机充电（慢充模式）

充电枪连接车辆的慢充接口后，通过车载充电机（On-board Charger）反馈到整车控制器（VCU），再唤醒仪表显示连接状态，充电机同时唤醒 VCU 和 BMS，VCU 唤醒仪表启动显示充电状态，正、负极继电器由 VCU 发出指令，由 BMS 控制闭合，开始给动力电池充电，此时车载充电机输入的交流电转换成直流电输出至动力电池，其充电控制原理如图4-37所示。充电电流主要跟温度和单体电压有关，温度越低或者越高，充电电流越小；单体电压越高，充电电流越小。

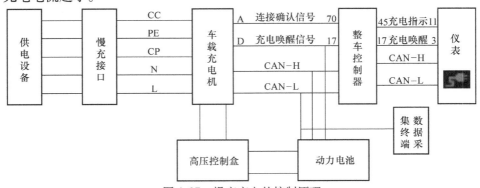

图 4-37　慢充充电的控制原理

慢充充电控制流程如图 4-38 所示。

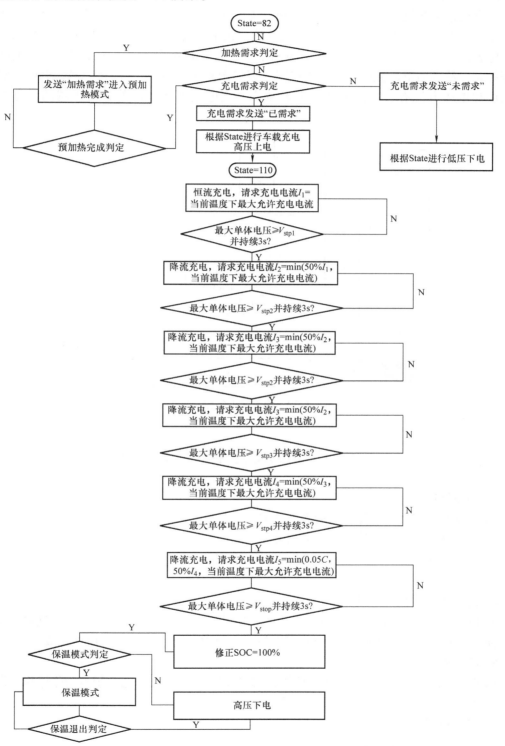

图 4-38　慢充充电控制流程

2. 直流充电桩（快充模式）

充电枪连接车辆的快充接口后，车辆与快充桩进行连接线连接正常确认，唤醒仪表显示连接状态，充电桩与 VCU 和 BMS 之间确认通信正常，进行充电唤醒，VCU 唤醒仪表启动显示充电状态，正、负极继电器由 VCU 发出指令，由 BMS 控制闭合，充电桩通过快充接口和高压控制盒给动力电池充电，其充电控制原理如图 4-39 所示。同慢充一样，充电电流主要跟温度和单体电压有关，温度越低或者越高，充电电流越小；单体电压越高，充电电流越小。

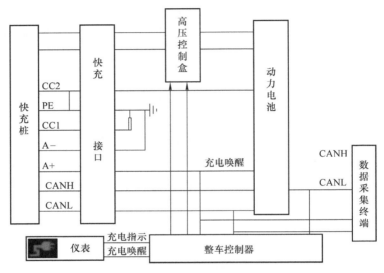

图 4-39　快充充电的控制原理

实训 5　动力电池系统数据分析

1. 实操目标

（1）能够完成动力电池系统的数据读取。

（2）能够完成动力电池系统的数据分析。

2. 操作时间

90 分钟

3. 实操所需材料与工具

VCI 电动汽车专用诊断盒、数字万用表（电动汽车专用）、P－CAN、安全绝缘用具、动力电池教学实训台、EV160 或 EV200 实训整车、EV160 或 EV200 动力电池总成。

4. 注意事项

请务必按照老师的指导，合理使用绝缘安全护具，并严格按老师示范动作操作，做到安全、正确，并防止造成实操总成及车辆的损坏。

5. 实操步骤

（1）实车读取动力电池系统数据流

① 连接 VCI 电动车专用诊断盒（图 4-40）。

② 车辆选择：选择与被测车型相符的菜单。

③ 系统选择：选择动力电池系统。

④ 选择所需的数据流项目，系统默认为全选。

图 4-40　VCI 诊断盒

（2）动力电池系统数据流分析

序号	动力电池系统数据流	当前值
1	动力电池内部总电压	
2	动力电池充放电电流	
3	动力电池负极继电器当前状态	
4	动力电池正极继电器当前状态	
5	动力电池 SOC	
6	动力电池可用容量	
7	电池单体最高电压	
8	电池单体最低电压	
9	电池单体最高温度	
10	电池单体最低温度	

105

实训 6　动力电池均衡处理

1. 实操目标

（1）能够完成动力电池成组补电。

（2）能够完成动力电池电池单体的充放电。

（3）能够完成动力电池高压继电器检测。

（4）能够完成动力电池母线电压电流检测。

2. 操作时间

90 分钟

3. 实操所需材料与工具

VCI 电动汽车专用诊断盒、数字万用表（电动汽车专用）、动力电池均衡补电仪、电池单体充放电仪、安全绝缘用具、动力电池教学实训台、EV160 或 EV200 实训整车、EV160

或 EV200 动力电池总成、电池单体等。

4. 注意事项

请务必按照老师的指导，合理使用绝缘安全护具，并严格按老师示范动作操作，做到安全、正确，并防止造成实操总成及车辆的损坏。

5. 实操步骤

（1）利用动力电池均衡补电仪进行成组电池补电均衡（图 4-41）

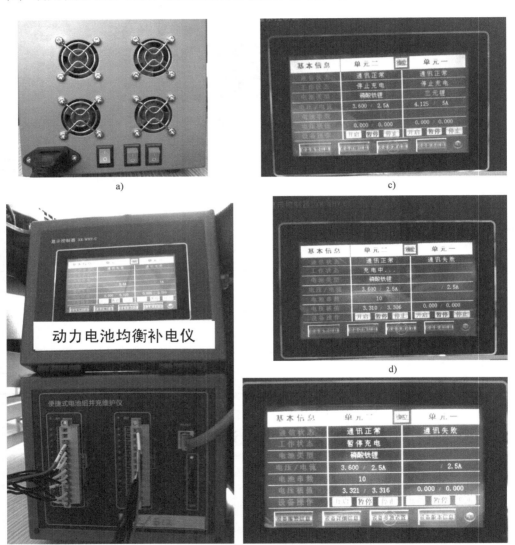

图 4-41　成组电池补电均衡的操作

① 充电准备阶段：设备在此阶级首先自检内部功能，完成后再检测外接电池状态。若设备无故障，进入充电阶段，否则进入故障阶段。

② 充电阶段：设备进入充电阶段，控制内部充电模块开启对电池恒流充电。同时判断

每节电池是否充电完成，充电完成后停止对此节电池充电。直到所有电池完成充电后，系统进入充电完成阶段。

③ 充电完成阶段：设备停止所有电池充电，指示充电已完成。

④ 充电故障阶段：系统在其他阶段发生设备和电池故障时，进入故障阶段。当系统从故障恢复后，进入初始检测阶段重新开始充电。

⑤ 充电停止阶段：在显示控制器上点击"停止"，设备停止输出，再点击"开启"时，累计充入电量从零开始记录。

⑥ 充电暂停阶段：在显示控制器上点击"暂停"，设备停止输出，再点击"开启"时，累计充入电量从暂停前开始记录。

作业记录表

序号	作业项目	作业内容
1		
2		
3		
4		
5		

（2）利用电池单体充放电仪对电池单体进行充放电

① 设备外观检查，接入交流电源。

② 旋紧航空插头，确保连接可靠。

③ 连接电池单体，注意电池极性，红色鳄鱼夹接正极，黑色接负极（图 4-42）。

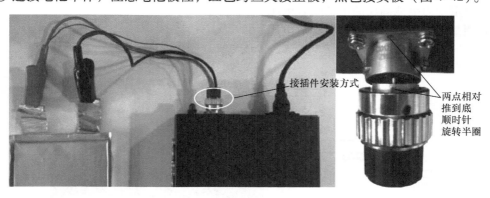

图 4-42　连接电池单体

④ 设备首先自检内部功能，完成后再检测外接电池状态，根据参数进入充电或放电模式（图 4-43）。

⑤ 设备控制内部充电模块开启对电池恒流充电或恒流放电，工作完成后停止对此节电池充放电。

⑥ 按停止按键使设备停止工作，断开电源总开关，再解开鳄鱼夹，断开设备与电池单体的连接。

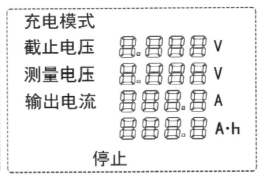

图 4-43　充电、放电模式

作业记录表

序号	作业项目	作业内容	
1	工作模式	充电：	放电：
2	截止电压	数值：	
3	累计电量	数值：	

（3）利用数字万用表检测动力电池高压继电器（图 4-44）

① 进行数字万用表功能检查。

② 测量动力电池高压继电器线圈电阻。

③ 测量动力电池高压继电器线圈保持电流。

④ 测量动力电池高压继电器吸合电压。

⑤ 测量动力电池高压继电器释放电压。

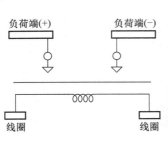
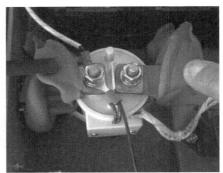

图 4-44　检测动力电池高压继电器

作业记录表

序号	作业项目	作业内容
1	继电器线圈阻值	测量数值：
2	继电器线圈保持电流	测量数值：
3	继电器吸合电压	测量数值：
4	继电器释放电压	测量数值：

（4）测量动力电池教学实训台高压母线电压（图4-45）

① 将数据线的航空线束插头端连接到动力电池低压接口上。

② 将数据线的 BD15 插头端连接到连接到控制盒上。

③ 将三档位开关按到闭合位置。

④ 测量动力电池教学实训台高压母线电压。

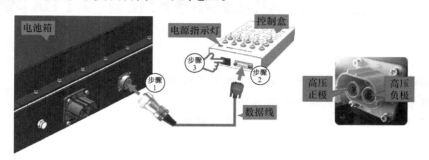

图 4-45　测量高压母线电压

作业记录表

作业项目	作业内容
母线电压测量	测量数值：

本 章 小 结

1. 介绍了动力电池系统的结构以及各组成部分的作用。

2. 重点讲解了动力电池管理系统（BMS）的功能及电量管理、均衡管理、安全管理、热管理、通信管理等系统的工作原理。

3. 介绍了动力电池工作中电压、绝缘及温度检测的方法。

4. 介绍了动力电池的充电模式及控制原理。

复习思考题

1. 动力电池系统由哪些部分组成？电池管理系统（BMS）的基本功能有哪些？

2. 电池电量管理时估计 SOC 的方法有哪些？

3. 电池串联有什么特性？电池并联有什么特性？

4. 电池管理系统为什么要进行均衡管理？其管理方法有哪些？

5. 安全管理及热管理的内容是什么？

6. 电池管理系统（BMS）的通信管理内容有哪些？

第5章 ▶▶▶▶▶

动力电池的保养维护及故障检测

学习目标：

- 了解动力电池日常使用的注意事项及保养维护方法。
- 掌握常见车型的动力电池拆装方法。
- 掌握动力电池的故障检测流程及常见故障的排除方法。

由于新能源汽车的动力电池在驱动车辆运行时，输出电压大部分都在直流72～600 V之间甚至更高。根据GB/T 3805—2008《特低电压（ELV）限值》的要求，人体的安全电压一般是指不致使人直接致死或致残的电压，一般环境条件下允许持续接触的安全电压是36V。所以动力电池输出的直流电压已远远超过了安全电压。此外，动力电池的充电也是以几百伏的交流或直流高压进行的，这就意味着对动力电池进行保养及检修时，检修人员将处于危险高电压工作环境中，有被电伤害的可能。因此在动力电池的保养维护和故障检测时应严格遵守高压电安全操作规范。

5.1 拆装动力电池

5.1.1 拆装、维修前的准备工作

在对动力电池进行拆装维护及故障检修时，维修人员应具有相应资质，持证上岗，摘除身上一切金属物品，检查并穿戴绝缘安全防护用品，准备并检查绝缘工具及测量仪表是否绝缘合格，放置警示标牌，整理维修场地。

1. 绝缘安全护具

维修人员在维修动力电池时，要注意摘除手表、戒指、钢笔和手机等，穿非合成纤维的（如棉布）服装，并注意遵循安全警示标签提示的内容，图5-1所示的佩戴在维修操作时是绝对不允许的。此外还要穿戴绝缘帽、绝缘手套、绝缘鞋、安全防护眼镜等安全护具，如图5-2所示。

图5-1 维修人员在维修操作时禁止佩戴

注意在穿戴绝缘护具前要对以上护具进行目视检查，并注意产品是否有合格标志。安全帽要检查外观上有没有裂纹，佩戴后位置是否正确，帽带松紧是否合适；护目镜要检查是否完好，佩戴后是否影响观看。

绝缘手套使用前应进行外观检查，如发现有发黏、裂纹、破口（漏气）、气泡、发脆等损坏时禁止使用，此外还要进行漏气检查，具体方法是：将手套从口部向上卷，稍用力将空气压至手掌及手指头部分检查上述部位有无漏气，如有则不能使用。进行设备验电，倒闸操作，拆装接地线等工作时必须佩戴绝缘手套。使用绝缘手套时应将上衣袖口套入手套筒口内。

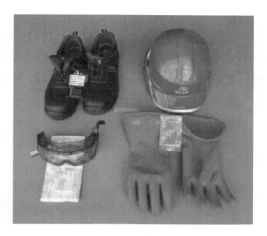

图 5-2　绝缘安全护具

绝缘鞋要注意它的耐压范围，GB 12011—2009 明确指出：耐实验电压 15kV 以下的电绝缘皮鞋和布面电绝缘鞋，应用在工频（50～60Hz）1000V 以下的作业环境中，15kV 以上的绝缘胶鞋，适用于工频 1000V 以上的作业环境中。

2. 其他绝缘用品及绝缘工具

在新能源汽车，尤其是纯电动汽车维修中，主要使用的绝缘用品及工具如下。

（1）绝缘胶垫

绝缘胶垫又称为绝缘毯、绝缘垫等，是由特种橡胶制成，具有较大体积电阻率和耐电击穿的胶垫，用于配电等工作场合的台面或铺地绝缘材料。在低压配电室地面上铺绝缘胶垫，可代替绝缘鞋，起到绝缘作用。因此，在 1kV 及以下时，绝缘胶垫可作为基本安全用具；而在 1kV 以上时，仅作为辅助安全工具，因此在维修电动汽车时必须使用绝缘胶垫。

为了保证绝缘垫的正常使用，在使用前需对安装好的绝缘垫进行绝缘性能检测，且需多点检测，如图 5-3 所示。

（2）安全标志及标识

电动汽车维修时，应设置功能区标示、设备标识、安全向导标志、安全警告标识、消防安全标示等，如图 5-4 所示。充放电设备和电动汽车电池及高压动力线束在维修操作时应设置操作警示牌，电动汽车维修区域和故障车辆停放区域应设置警示线以及安全围栏。

图 5-3　绝缘胶垫的绝缘检测

图 5-4　安全标识

111

（3）遮栏

遮栏主要用来防止工作人员无意识碰到或过分接近带电体，也可用作检修安全距离不够时的安全隔离装置。遮栏用干燥的木材或其他绝缘材料制成。在过道和入口等处可装用栅栏。遮栏和栅栏必须安装牢固并不得影响工作。遮栏高度及其与带电体的距离应符合屏护的安全要求。

（4）绝缘工具

常用的绝缘工具有绝缘表和拆装高压部件用的套装绝缘工具等，如图 5-5 和图 5-6 所示。

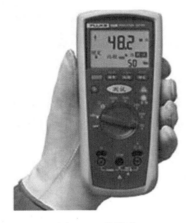

图 5-5 绝缘表

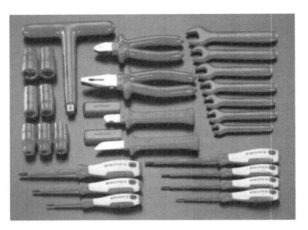

图 5-6 套装绝缘工具

5.1.2 动力电池的拆装

由于不同车型动力电池的安装位置和拆卸方法有所不同，本书以北汽 EV160 车型为例，讲解其动力电池的拆卸方法。

① 设置维修场地，外围设警示线，设置警示牌，穿戴绝缘护具，检查绝缘垫绝缘性能，如图 5-7 和图 5-8 所示。

图 5-7 设置维修场地

图 5-8 设置警示牌

② 将车辆放于举升机位置，关闭点火开关。通过仪表板左下方的前舱盖开启手柄，打

开前舱盖，断开低压蓄电池负极电缆。注意：螺母规格为 M6×1.0，螺母拧紧力矩为 8～10N·m，使用 10mm 六角套筒扳手；断开低压控制插头或拔出维修开关，并套上护套，如图 5-9～图 5-12 所示。

图 5-9　前舱盖开启手柄

图 5-10　断开低压蓄电池负极，并对桩头保护

图 5-11　断开低压控制插头

图 5-12　安装低压控制器插头护套

③ 举升车辆达到合适高度，锁死举升机，检查动力电池底板；拆下动力电池线束护板，检查动力电池线束插件外观；先拆卸动力电池低压控制线束插头，再拆卸动力电池高压线缆插件，如图 5-13～图 5-15 所示。图 5-16 所示为动力电池端高压线缆插座和低压控制插座。

图 5-13　检查动力电池线束

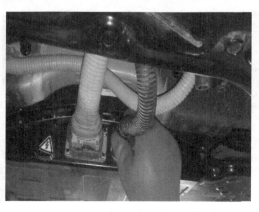

图 5-14　拆卸动力电池的低压控制线束插头

图 5-15　拆卸动力电池高压线缆插件

图 5-16　动力电池端高压线缆插座和低压控制插座

④ 测量动力电池端插座正负母线输出电压，使用放电工装对高压负载端进行放电，如图 5-17、图 5-18 所示。

图 5-17　测量动力电池端插座正负母线输出电压

图 5-18　用放电工装对高压负载端进行放电

⑤ 将动力电池举升车推放到动力电池正下方，升高电池举升车平板与动力电池底部接触，拆下动力电池 10 个固定螺栓（拧紧力矩：95N·m±5N·m），如图 5-19 和图 5-20 所示。

图 5-19　动力电池举升车与电池包底部平稳接触

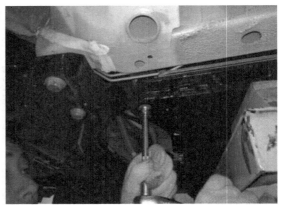

图 5-20　拆卸动力电池的 10 个固定螺栓

⑥ 缓慢下降电池举升车，降到需要的高度后将电池举升车推出。

⑦ 安装时按相反顺序进行。注意：安装、举升电池的时候要确保电池箱体上的定位销对准底盘上的定位孔。

5.2　动力电池的日常保养与维护

5.2.1　动力电池运输、存储及报废的相关要求

1. 运输

① 动力电池报废后要根据其种类，用符合国家标准的专门容器分类收集运输。

② 对储存、装运动力电池的容器应根据动力电池的特性而设计，应不易破损、变形，其所用材料能有效地防止渗漏、扩散。

③ 装有废旧动力电池的容器必须贴有国家标准所要求的分类标识。

④ 在废旧动力电池的包装运输前和运输过程中应保证其结构完整，不得将废旧动力电池破碎、粉碎，以防止电池中有害成分的泄漏污染。

2. 储存

① 禁止将废旧动力电池堆放在露天场地，避免废电池遭受雨淋水浸。

② 批量废弃锂离子电池储存，储存设施所使用的容器应确保满足其储存要求，保证废弃锂离子电池的外壳完整，防止对环境造成不利影响，建立安全管理和出现危险时的应急机制。

③ 储存于通风良好的干净环境。

④ 不可放置于阳光直晒区域。

⑤ 必须远离可使电池系统外部升温 60℃ 的热源。

⑥ 必须平放于包装箱内。

⑦ 勿摔落电池系统并避免表面撞击。

3. 污染防治

① 锂离子电池的收集、运输、拆解、再生冶炼等活动要严格遵守以上要求。

② 锂离子电池应当进行回收利用，禁止用其他办法进行处置。

③ 锂离子电池应当按照危险废物进行管理。

④ 锂离子电池在收集、运输过程中应当保持外壳的完整，防止发生液体泄漏造成对环境的污染。

5.2.2　动力电池安全使用注意事项

1. 安全事项

① 非专业维修人员绝对不要自行拆卸、调整、安装动力电池系统。

② 不要触摸动力电池的正、负极母线。

③ 由于动力电池系统安装在汽车底部，驾驶过程中应注意路面状况，不要让不平的路面或路面障碍物挤压、撞击动力电池。

④ 由于动力电池重量较大，不要使用扳手或其他工具松动动力电池系统紧固螺栓。

2. 使用注意事项

① 在车辆行驶过程中，随着电量的消耗，SOC 表上指针指示的数值会逐渐减小，当 SOC 减小到 15% 以下时，SOC 表上的电量不足指示灯会点亮。此时，动力电池系统的能量

即将耗尽，应尽快对动力电池进行充电。

② 当动力电池系统的 SOC 小于 10% 后，不要猛踩加速踏板，因为整车控制器已经降功率使用，进入跛行（低速限速）回家模式。

③ 动力电池系统属于化学电源，由于在能量转换时对温度比较敏感，很多厂家的动力电池内部都安装了加热单元。在温度较低的冬天，对动力电池进行充电时，加热单元会首先启动对动力电池系统进行加热。当温度达到适宜充电的温度以后，电池管理系统会自动启动动力电池系统的充电程序。如果加热单元损坏，应及时进行维修。因为在低温条件下不加热，电池箱内部达不到适宜充电的温度，电池管理系统将不会启动充电程序，动力电池系统将不能正常充电。

④ 动力电池系统在搁置过程中会发生自放电现象，如果搁置时间过长，动力电池系统的开路电压会降低到放电终止电压以下，此时电池管理系统会进行报警。动力电池系统若长期处于低压状态，其使用寿命会受到影响，所以动力电池搁置的时间不要太长，最多不要超过三个月，搁置环境温度应该在 −20 ~ 50℃，搁置过程中应该确保动力电池系统不要暴晒，也不能被雨水浇淋。

⑤ 汽车不宜在积水较深的路面上行驶（水面达到动力电池系统底部），洗车时也要注意尽量不要将水枪喷头对着动力电池系统喷射。

⑥ 如果发现动力电池系统表面出现划痕、掉漆等现象，应该及时补漆，做好表面防护，防止动力电池系统箱体被长期腐蚀而影响强度。

⑦ 如果汽车驾驶过程中发生正撞、侧撞、追尾或侧翻等事故，不管动力电池系统从表观上看有无损坏，都应与专业维修人员联系。

⑧ 如果汽车落水或者被水浸泡，不要擅自处理。

5.2.3　动力电池的保养作业

动力电池的保养作业是为了保证其性能的可靠性而进行的工作，通常分为日常的常规保养和周期性的强制保养。

1. 动力电池常规保养作业项目

① 将车辆举升，目测动力电池底部有无磕碰、划伤、损坏的现象，电池标识是否脱落。

② 目测密封条及进排气孔，进行电池箱体的密封检查。

③ 目测动力电池高低压插接器是否有变形、松脱、过热、损坏的情况。

④ 定期对动力电池满充、满放一次，之后使用专用检测仪对电池单体一致性进行测试。

⑤ 对高压线束螺栓和外壳螺栓位置进行等电位检测，确保安全，如图 5-21 所示。

⑥ 使用绝缘测试仪进行电池高压接口、箱体（金属部分）绝缘测试。

⑦ 根据需求用上位机对 BMS 进行升级。

⑧ 在 READY 后，使用专用故障诊断仪对动力电池 BMS 进行诊断测试，查看相关数据流。

注意：常规保养不需要拆卸动力电池，也无须开盖检查。

2. 动力电池周期性强制保养项目

① 绝缘检查（内部）。

目的：防止电池箱内部短路。

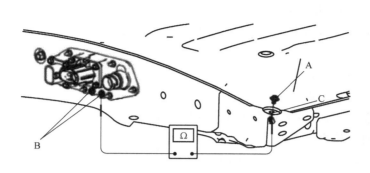

图 5-21 螺栓的等电位检测

方法：将电池箱内部高压盒插头打开，用绝缘测试仪测试总正、总负对地，阻值应 ≥500Ω/V（1000V）。

② 模组连接件检查。

目的：防止螺钉松动，造成故障。

方法：用绝缘扭力扳手紧固（标准拧紧力矩为 95N·m），检查完成后，做好极柱绝缘。

③ 电池箱内部温度采集点检查。

目的：确保测温点工作正常，采集点合理。

方法：使用笔记本计算机通过专用 CAN 卡监控电池箱内部温度，并与用红外热像仪所测试的温度对比，检查温感精度。

④ 电压采集线检查。

目的：防止电压采集线破损，导致测试数据不准。

方法：将从板插接器打开安装一次，通过观察数据变化进行确认。

⑤ 标识检查（内部）。

目的：防止内部各组件标识脱落。

方法：目测内部各组件标识是否脱落。

⑥ 熔断器检查。

目的：检查熔断器状态是否良好，遇事故时是否可正常工作。

方法：用专用万用表电阻档测量电阻值。

⑦ 继电器测试。

目的：防止继电器损坏，车辆无法正常上高压。

方法：用笔记本式计算机上的专用监控软件启动关闭总正、总负继电器，并用专用万用表进行测试。

⑧ 高低压插接器可靠性检查。

目的：确保插接器正常使用。

方法：目测高低压插接器是否有松动、破损、腐蚀以及密封等情况，并通过专用万用表测量其连接可靠性，用绝缘测试仪进行绝缘测试。

⑨ 其他电池箱内零部件检查。

117

目的：保证辅助性的部件正常使用。

方法：用绝缘螺钉旋具和绝缘扭力扳手检查各紧固件是否有松动、破损、脱落等情况。

⑩ 电池组安装点检查。

目的：防止电池组脱落。

方法：目测检查每个安装点焊接处是否有裂纹。

⑪ 电池组外观检查。

目的：确保电池组未受到外界因素影响。

方法：目测电池组无变形、无裂痕、无腐蚀、无凹痕。

⑫ 保温检查。

目的：确保冬季电池组内部温度。

方法：目测检查电池组内部边缘保温棉是否脱落、损坏。

⑬ 电池组高低压线缆安全检查。

目的：确保电池组内部线缆无破损、漏电。

方法：目测电池组内部线缆是否破损、挤压。

⑭ 电池单体防爆膜、外观检查。

目的：防止电池单体损坏、漏电。

方法：目测可见电池单体防爆膜、外观绝缘是否破损。

⑮ CAN 电阻检查。

目的：确保通信质量。

方法：整车下电时，用专用万用表电阻档测量 CAN1H 与 CAN1 L 之间的电阻。

⑯ 电池箱内部干燥性检查。

目的：确保电池箱内部无水渍。

方法：打开电池组，目测观察电池箱内部是否有积水，并用绝缘测试仪测量电池组绝缘性能。

⑰ 电池加热系统测试。

目的：确保加热系统工作正常，避免冬季影响充电。

方法：电池箱接通 12V 电源，打开监控软件，启动加热系统，目测风扇是否正常或者加热膜片是否工作正常。

⑱ 对各高、低压插接头及部件进行除湿、润滑、绝缘处理。

目的：保证高、低电路连接的可靠性。

方法：用润滑防锈剂 WD40 对插接头及部件进行处理。

⑲ 最后对电池箱重新密封，并进行密封检查。

目的：保证电池箱密封良好，防止水进入。

方法：目测密封条密封性能或更换密封条。

以下步骤与常规保养作业项目相同。

⑳ 对高压线束螺栓和外壳螺栓位置进行等电位检测，确保安全。

㉑ 使用绝缘测试仪进行电池高压接口、箱体（金属部分）绝缘测试。

㉒ 根据需求用上位机对 BMS 进行升级。

㉓ 在 READY 后，使用专用故障诊断仪对动力电池 BMS 进行诊断测试，查看相关数据流。

注：以上是对一款自然风冷型的动力电池所进行的周期性强制保养项目，对于强制风冷或液冷的动力电池系统，以及内置高压盒类型的动力电池与此不完全相同。

在进行维护时一定要严格按新能源汽车高压安全与防护要求进行相应操作，否则可能会造成危险。

5.2.4　动力电池控制系统的检查

1. 电池低压控制插件定义

北汽 EV160 汽车动力电池的低压控制插件各端子的含义如图 5-22 所示。

2. 动力电池低压控制电路的检测

（1）BMS 电源电路检查

① 拔下电池低压控制插件，测量 B 与 G 端子，H 与 J 端子，应该有 12V 蓄电池电压，如图 5-23 所示。

② 如无电压，则检查前机舱熔丝盒 FB14、FB13 熔丝是否烧坏，如熔丝正常则检测插件 B 端子与前机舱熔丝盒 FB14、FB13 之间电路是否导通。

③ 如正极电路正常，则检查低压控制插件 G 和 J 端子与车身接地是否导通，不导通则检修负极电路。

（2）BMS 唤醒信号检查

① 拔下低压控制插件，打开点火开关置于 ON 位置，插件 C 端子与车身接地之间应该有 12V 电压，检测方法如图 5-24 所示。

② 如无电压，则检测低压控制插件 C 端子与 VCU 81 端子电路是否导通或插件是否退针，如电路正常，则 VCU 故障，需更换 VCU，检测方法如图 5-25 所示。

（3）CAN 线通路检查

拔下低压控制插件，测量 P 端子与 VCU 111 端子、R 端子与 VCU 104 端子，应该导通，如不能导通，则检查插件是否退针或线束是否断路，检测方法如图 5-26 所示。

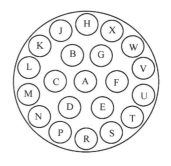

图 5-22　北汽 EV160 动力电池低压
控制插件端子

A—空位　B—BMS 供电正　C—BMS 唤醒
D—空位　E—空位　F—负继电器控制
G—BMS 供电负　H—继电器供电正
J—继电器供电负　K—空位
L—高低压互锁信号　M—空位
N—新能源 CAN1 – 屏蔽　P—新能源 CAN1 – H
R—新能源 CAN1 – L　S—快充 CAN2 – H
T—快充 CAN2 – L　U—动力电池内部
CAN3 – H　V—动力电池内部 CAN3 – L
W—动力电池 CAN2 – 屏蔽　X—空位

119

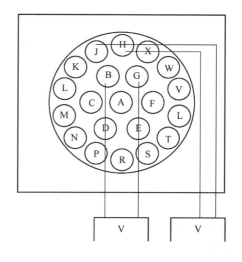

图 5-23　检查 BMS 电源电路的电压

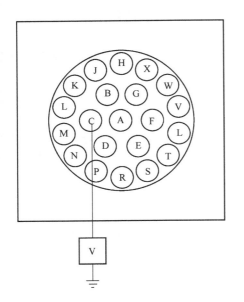

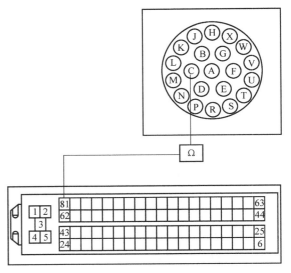

图 5-24　测量插件 C 端子与车身接地电压　　　图 5-25　测量插件 C 端子与 VCU 81 端子是否导通

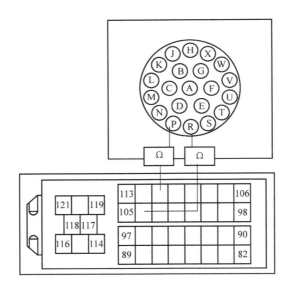

图 5-26　测量插件 P 端子与 VCU 111 端子、R 端子与 VCU 104 端子是否导通

5.3　动力电池的故障检修

　　动力电池系统是新能源汽车的动力源泉，如果电池系统出现故障，将导致汽车无法行驶，各种用电设备无法工作，因此及时排除动力电池系统故障是保证车辆正常行驶的先决条件。

5.3.1　动力电池的故障分级

根据故障对整车的影响将动力电池的故障划分为三个等级。

1. 一级故障（非常严重）

一级故障表明动力电池在此状态下功能已经丧失，请求其他控制器立即（1s内）停止充电或放电。如果其他控制器在指定时间内未做出响应，电池管理系统将在2s后主动停止充电或放电，即断开高压继电器。

该故障出现一段时间后会造成整车出现安全事故，如起火、爆炸、触电等。动力电池在正常工作下不会上报该故障，BMS一旦上报该故障，就表明动力电池处于严重滥用状态。

2. 二级故障（严重）

二级故障表明动力电池在此状态下功能已经丧失，请求其他控制器停止充电或者放电；其他控制器应在一定的延时时间内响应动力电池停止充电或放电请求。

该故障会造成整车进入跛行状态、暂时停止能量回馈、停止充电。动力电池正常工作下不会上报该故障，BMS一旦上报该故障，表明动力电池某些硬件出现故障或动力电池处于非正常工作的条件下。

3. 三级故障（轻微）

三级故障表明动力电池性能下降，电池管理系统会降低最大允许充/放电电流。

该故障对整车无影响或不同程度地造成整车进入限功率行驶状态，动力电池正常工作状态可能不会上报该故障，BMS一旦上报该故障表明动力电池处于极限环境温度下或电池单体一致性出现一定劣化等。

5.3.2　动力电池的故障类型

电池系统支持在线诊断，当电池系统发生故障时，电池管理系统（BMS）将存储故障，同时支持离线诊断，可以通过诊断仪与BMS通信，读取故障码。

在动力电池系统中，按照故障发生的部位可以分为三类，即电池单体故障、电池管理系统故障、线路或插接器故障，表5-1所示为动力电池的故障类型及处理方法。

1. 电池单体故障

① 在电池组中有个别电池单体SOC偏低或SOC偏高。

如果电池单体SOC偏低，则该电池在汽车行驶过程中，电压最先达到放电截止电压，使得电池组实际容量降低，应对该电池单体进行补充充电。如果电池单体SOC偏高，则该电池在充电末期最先达到充电截止电压，影响充电容量，需对该电池单体进行单独补充放电。

② 电池单体容量不足和电池单体内阻偏大。

在电池组中，最小的电池单体容量也限制了整个电池组的容量，因此发生电池单体容量不足故障会影响车辆续驶里程。锂离子电池内阻如果过大，会严重影响电池的电化学性能，如充放电过程中的极化严重、活性物质利用率低、循环性能差等。这类故障会导致电池性能衰退严重，应立即更换。

③ 电池单体内部短路、电池单体外部短路、电池单体极性装反等。

表 5-1　动力电池的故障类型及处理办法

项目	故障现象	故障后果	处理方法
电池单体故障	电池单体 SOC 偏低	电池组容量降低，电动汽车续驶里程短	对电池单体单独充电
	电池单体 SOC 偏高		对电池单体单独放电
	电池单体容量不足	电池组充电不足，使用寿命缩短，电动汽车续驶里程短	更换电池单体
	电池单体内阻偏大	电池组充电不足，使用寿命缩短，电动汽车动力不足，续驶里程短	
	电池单体过充电	电池内部短路，电池热失控，严重时会引起起火、爆炸	检查电池管理系统
	电池单体过放电		
	电池单体内部短路	电池热失控，严重时会引起起火、爆炸	更换电池单体
	电池单体外部短路		排除短路故障，更换电池单体
	电池单体极性装反		更换电池单体
电池管理系统故障	CAN 故障	无法监控电动汽车	检查 CAN 网络
	总电压测量故障	无法监控电池总电压	检查总电压测量模块
	单体电压测量故障	无法监控电池单体电压	检查单体电压测量模块
	温度测量故障	无法监控电池温度	检查温度测量模块
	电流测量故障	无法监控电池电流	检查电流测量模块
	冷却系统故障	电池温度偏高	检查冷却风扇控制线路
线路或连接件故障	电池间虚接	电动汽车动力不足，续驶里程短	紧固电池连接
	电池间断路	电动汽车无法起动	检查电池连接
	快速熔断器断开		检查快速熔断器
	动力电池插接器断开		检查动力电池插接器
	动力电池插接器虚接	插接器易烧蚀，电动汽车动力不足	
	信号电插接器故障	无法监控电动汽车	检查信号电插接器
	正极继电器故障	电动汽车无法起动	检查继电器
	负极继电器故障		
	电源线短路	电流热失控，严重时会引起起火、爆炸	检查电源线

在强振动下锂离子电池的极耳、极片上的活性物质，接线柱，外部连线和焊点可能会折断或脱落，造成电池单体内部短路或者外部短路故障，此类电池故障将影响行车安全。

通常情况下，造成电池单体前两种故障的原因可能包括两个：一是动力电池成组时电池单体一致性问题，电池单体的 SOC、容量、内阻本身就存在差异；二是电池单体在成组应用过程中，因为应用环境差异（如温度、充放电电流）造成的一致性差异增加，加剧电池单体的不一致性。

2. 电池管理系统故障

电池管理系统对于保障动力电池组的安全及使用寿命、最大限度发挥电池系统效能具有重要作用。电池管理系统通常对单体电压、总电压、总电流和温度等进行实时监控采样，并将实时参数反馈给整车控制器。电池管理系统除了对电池性能参数进行监控、实施电性能管理以外，还具有以热管理为主的应用环境管理，实施对电池的加热和冷却，确保电池的良好应用环境温度以及温度场的一致性。若电池管理系统发生故障，就失去了对电池的监控，不能估计电池的 SOC，容易造成电池的过充电、过放电、过载、过热以及不一致性问题的增加，影响电池的性能、使用寿命和行车安全。

电池管理系统故障包括 CAN 通信故障、总电压测量故障、单体电压测量故障、温度测量故障、电流测量故障、继电器故障、加热器故障和冷却系统故障等。

3. 线路或插接器故障

线路或插接器故障的诊断对于确保行车安全和整车的可靠性同样重要。例如，因为车辆的振动，电池间的连接螺栓可能会出现松动，电池间接触电阻增大，发生电池间虚接故障，以致电池组内部能量损耗增加，造成车辆动力不足和续驶里程短，在极端情况下还能引起高温，产生电弧，熔化电池电极和连接片，甚至造成电池着火等安全事故。

在电动汽车运行过程中，电池单体之间可能发生相对跳动，造成两电池间的连接片折断。电池箱和电动汽车的电气连接也是故障的高发点，电插接器在经历长时间振动后容易产生虚接，出现烧蚀、接触不良等故障。

5.3.3　动力电池七大常见故障及处理方法

1. 电压类故障

（1）电池电压高

整车充满电静置后，电池单体或几个单体电压明显偏高，其他单体正常。

故障原因：①采集误差。②均衡管理单元（LMU）均衡功能差或失效。③电池单体容量低，充电时电压上升较快。

处理方法：①单体电压显示值较其余单体偏高，测量单体实际电压值进行比对，若实际值较显示值低，且与其他单体电压相同，则以实际值为标准通过 LMU 对单体电压进行校准；若测量值与显示值相符，则人工对电池单体进行放电均衡。②检查电压采样线是否断裂、虚接。③更换 LMU。

（2）电池电压低

整车充满电静置后，电池单体或几个单体电压明显偏低，其他单体正常。

故障原因：①采集误差。②LMU 均衡功能差或失效。③电池单体自放电率大。④电池单体容量低，放电时电压下降较快。

处理方法：①单体电压显示值较其余单体偏低，测量单体实际电压值进行比对，若实际值较显示值高，且与其他单体电压相同，则以实际值为标准对 LMU 单体电压进行校准；若测量值与显示值相符，则人工对电池单体进行充电均衡。②检查电压采样线是否断裂、虚接。③更换 LMU。④对故障电池进行更换。

（3）压差：动态压差/静态压差

充电时电池单体电压迅速升至充电截止电压充电截止；踩加速踏板时，单体电压比其他单体下降迅速；踩制动踏板时，单体电压比其他单体上升迅速。

故障原因：①连接电池铜牌紧固螺母松动。②连接面有污物。③电池单体自放电率大。④电池单体焊接连接铜排开焊（造成该单体容量低）。⑤个别电池单体漏液。

处理方法：①对螺母进行紧固。②清除连接面异物。③对电池单体进行充/放电均衡。④对问题电池进行更换。

（4）电压跳变

车辆运行或充电时，单体电压跳变。

故障原因：①电压采集线连接点松动。②LMU 故障。

处理方法：①对连接点进行紧固。②更换 LMU。

2. 温度类故障

（1）热管理故障

1）加热故障（加热片）：当动力电池在充电时，此时温度低于某一数值，加热功能不开启。

故障原因：①加热继电器或 BMU 故障。②加热片或继电器供电电路异常。

处理方法：①修复或更换加热继电器或 BMU。②检查修复供电电路。

2）散热故障（风扇）：当动力电池温度高于某数值后，风扇未工作。

故障原因：①风扇继电器或 BMU 故障。②风扇或继电器供电电路异常。

处理方法：①修复或更换风扇继电器或 BMU。②检查修复供电电路。

（2）温度高

电池系统中某个或者某几个温度点偏高，运行或充电中达到报警阈值。

故障原因：①温度传感器故障。②LMU 故障。③电连接异常，局部发热。④风扇未开启，散热差。⑤靠近电机等热源。⑥过充电。

处理方法：①测量温度传感器电阻值与显示值进行比对，若实际值较显示值低，且与其他温度值相同，则以实际值为标准对 LMU 温度值进行校准。②紧固电连接点，清除连接点异物。③确保风扇开启。④增加隔热材料，与热源进行隔离。⑤暂停运营进行散热。⑥立即停止充电。⑦更换 LMU。

（3）温度低

电池系统中某个或者某几个温度点偏低，运行或充电中达到报警阈值。

故障原因：①温度传感器故障。②LMU 故障。③局部加热片异常。

处理方法：①测量温度传感器电阻值与显示值进行比对，若实际值较显示值高，且与其他温度值相同，则以实际值为标准对 LMU 温度值进行校准。②检查修复加热片。③更换 LMU。

（4）温差

参照高低温排查方法，个别电池单体发热差异大时需更换电池单体。

3. 充电故障

（1）直流充电故障

充电无法启动，充电跳枪，充电结束后 SOC 不复位。

故障原因：

① 电池故障（电压、温度、绝缘等异常）。

② BMU 故障（充电模块或充电 CAN 异常）。

③ 负极、充电继电器异常。

④ CC1 对地电阻、CC2 对地电压异常。

⑤ PE 地异常。

处理方法：①排除电池故障。②修复/更换失效部件。③截存充电报文，分析故障原因。

（2）交流充电故障

故障原因：①电池故障（电压、温度、绝缘等异常）。②BMU 故障（充电模块或充电

CAN 异常）。③负极、充电继电器异常。④CC 对地电阻、CP 对地电压异常。⑤PE 地异常。

处理方法：①排除电池故障。②修复/更换失效部件。③截存充电报文，分析故障原因。

4. 绝缘故障

故障原因：电池箱或插件进水，电池单体漏液，环境湿度大，绝缘误报，整车其他高压部件（控制器、压缩机等）绝缘不良。

处理方法：①正极对地，如果有电压或绝缘阻值小于规定值，则判定负极电路漏电。②负极对地，如果有电压或绝缘阻值小于规定值，则判定正极电路漏电。根据其漏电电压大小除以此时的单体电压值就可以计算出漏电点位，然后根据不同情况分析处理。

5. 通信故障

LMU 通信故障和 BMU 通信故障：整车只有一个或几个 LMU 信息，或整车没有 BMS 信息。

故障原因：①LMU/BMU 故障。②LMU/BMU 供电电路或通信线路接触不良/故障。③信号干扰。

处理方法：①更换 LMU/BMU。②检查修复供电电路/通信线路。③检查屏蔽线，查找消除干扰源。

6. SOC 异常

（1）SOC 不准确

$$充电电量 \div 标称容量 = 充电的 SOC$$

若"充电的 SOC" + "剩余的 SOC"较实际显示值有偏差或者根据 SOC 与开路电压（OCV）的对应关系估算实际电量与 SOC 不对应，即认为 SOC 不准确。

（2）SOC 不变化

故障原因：①通信异常（数据缺失）。②电流异常（霍尔及其输入输出电路）。③BMU 故障。④其他电池报警。

处理方法：①确保数据完整。②修复/更换失效部件。③消除所有电池报警。

（3）SOC 下降快

故障原因：①通信周期异常。②电流异常（霍尔正向电流大、反馈电流小）。③单体电压偏低，下降快。④BMU 故障。⑤低温。

处理方法：①更新 BMU 程序。②修复/更换失效部件。

（4）SOC 下降慢

故障原因：①通信周期异常。②电流异常（霍尔正向电流小、反馈电流大）。③BMU 故障。

处理方法：①更新 BMU 程序。②修复/更换失效部件。

（5）SOC 跳动

确认程序版本号是否正确。

7. 电流异常

故障原因：①霍尔及其输入输出电路。②霍尔反装。③直流充电时，如果 BMS 需求电压或电流为 0 时，充电机按最小输出能力输出。

处理方法：①更新 BMU 程序。②修复/更换失效部件。

5.3.4　动力电池故障的处理流程

下面以北汽 EV160/EV200 为例，了解一下动力电池故障处理流程。

1. 仪表的故障灯显示

图 5-27 所示为北汽 EV160 电动汽车的组合仪表，如果动力电池出现故障，会显示动力电池系统断开、动力电池故障、动力电池绝缘故障等黄色或红色的故障信息。

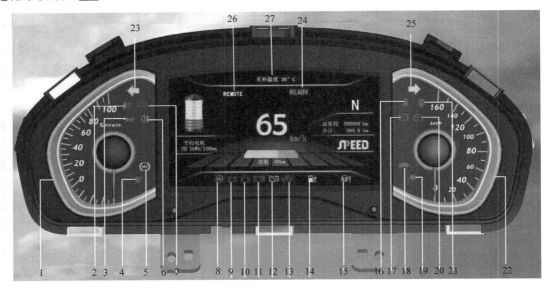

图 5-27　北汽 EV160 组合仪表

1—驱动电机功率表　2—前雾灯　3—示廓灯　4—安全气囊指示灯　5—ABS 指示灯　6—后雾灯　7—远光灯
8—跛行指示灯　9—蓄电池故障指示灯　10—电机及控制器过热指示灯　11—动力电池故障指示灯
12—动力电池断开指示灯　13—系统故障灯　14—充电提醒灯　15—EPS 故障指示灯　16—安全带未系指示灯
17—制动故障指示灯　18—防盗指示灯　19—充电线连接指示灯　20—驻车制动指示灯　21—门开指示灯
22—车速表　23、25—左/右转向指示灯　24—READY 指示灯　26—REMOTE 指示灯　27—室外温度提示

2. 连接诊断仪，读取故障信息

将诊断仪连接到汽车的 OBD 诊断座，启动 BDS 软件，点击汽车诊断图标，选择需要的车型图标，点击软件版本，进入对应车型诊断程序，读取车辆故障码及相关数据流。

3. 故障码分析及处理方法

北汽 EV160/EV200 电动汽车动力电池的故障名称、故障码分析及售后处理方法见表 5-2。

表 5-2　动力电池故障码分析及售后处理方法

序号	故障名称	DCT 码	可能导致故障的原因	售后处理方法
1	电池单体过压	P118822	充电机失控、电机系统失控	1. 如果重新上电，车辆恢复正常，则不需要派工；如果重新上电，车辆不能恢复正常，则需要派工 2. 充电过程出现该问题，进行派工，需联系电池厂家的售后
2	电池单体电压不均衡	P118522	电池单体一致性不好，或者均衡效果不好	1. 重新上电，反复进行几次慢充，如恢复正常，则不需要派工 2. 如仍频繁出现该故障，则需派工
3	电池外部短路	P118111	1. 高压回路异常 2. 高压负载异常	1. 如果重新上电，车辆恢复正常，则不需要派工 2. 如果重新上电，车辆不能恢复，则需要派工

126

（续）

序号	故障名称	DCT 码	可能导致故障的原因	售后处理方法
4	电池内部短路	P118312	电池内部焊接、装配等问题	派电池厂家售后确认无故障后，诊断仪手动清除后重新上电
5	电池温度过高	POA7E22	1. 电池热管理系统有问题 2. 电池单体本身有问题 3. 电池装配节点松弛	1. 车辆断电，等待一段时间，温度自然降低，如果重新上电，车辆恢复正常，则不需要派工 2. 如果重新上电车辆不能恢复正常，或者较短时间内温度仍迅速上升，则需要派工
6	温度不均衡	P118722	电池热管理系统故障	1. 车辆断电，重新上电，车辆恢复正常则不需要派工 2. 如果重新上电，车辆恢复正常后仍频繁出现，则需要派工
7	电池温升过快	P118427	1. 电池内部短路 2. 电池焊接、装配的问题引起火花	1. 车辆断电，等待一段时间，温度自然降低，如果重新上电，车辆恢复正常，则不需要派工 2. 如果重新上电，车辆不能恢复正常，或者较短时间内温度仍迅速上升，则需要派工
8	绝缘电阻低	POAA61A	1. 高压部件内部有短路 2. 高压回路对车身绝缘阻值下降	派工，确认无故障后，诊断仪手动清除后重新上电
9	充电电流异常	P118674	充电机故障或充电回路故障	1. 如果重新上电车辆恢复正常，则不需要派工 2. 如果重新上电车辆不能恢复正常，则需要派工
10	电池系统内部通信故障	U025482	1. CAN 总线线路故障 2. BMU 或 BMS 掉线	1. 如果重新上电车辆恢复正常，则不需要派工 2. 如果重新上电车辆不能恢复正常，则需要派工
11	BMS 与车载充电机通信故障	U025387	1. CAN 总线线路故障 2. 车载充电机故障	1. 如果重新上电车辆恢复正常，则不需要派工 2. 如果重新上电车辆不能恢复正常，则需要派工
12	内部总电压检测故障	P118964	系统电压检测回路故障	1. 如果重新上电车辆恢复正常，则不需要派工 2. 如果重新上电车辆不能恢复正常，则需要派工
13	外部总电压检测故障	P118A64	系统电压检测回路故障	1. 如果重新上电车辆恢复正常，则不需要派工 2. 如果重新上电车辆不能恢复正常，则需要派工
14	BMS EEPROM 读写故障	P119844	BMS 内存储器故障	1. 如果重新上电车辆恢复正常，则不需要派工 2. 如果重新上电车辆不能恢复正常，则需要派工
15	高低压互锁故障	POAOA94	高压插接件问题，零部件质量问题	紧固高压插接件后重新上电： 1. 如果重新上电车辆恢复正常，则不需要派工 2. 如果重新上电车辆不能恢复正常，则需要派工
16	加热元件故障	P119796	加热元件无效	该故障不影响行车和上电
17	负极继电器粘连	POAA473	1. 继电器带载动作或者严重过流 2. 负极继电器控制相关线路故障	需派电池厂家售后确认无故障后，诊断仪手动消除后重新上电

（续）

序号	故障名称	DCT 码	可能导致故障的原因	售后处理方法
18	预充继电器粘连	POAE273	1. 继电器带载动作或者严重过电流 2. 预充继电器相关线路故障	需派电池厂家售后确认无故障后，诊断仪手动消除后重新上电
19	正极继电器粘连	POAA073	1. 继电器带载动作或者严重过电流 2. 正极继电器控制相关线路故障	需派电池厂家售后确认无故障后，诊断仪手动消除后重新上电
20	负极继电器断路	POAA572	1. 负极继电器控制相关线路故障 2. 负极继电器失效	1. 如果重新上电车辆恢复正常，则不需要派工 2. 如果重新上电车辆不能恢复正常，则需要派工
21	预充继电器断路	POAE372	1. 预充继电器控制相关线路故障 2. 预充继电器失效	1. 如果重新上电车辆恢复正常，则不需要派工 2. 如果重新上电车辆不能恢复正常，则需要派工
22	正极继电器断路	POAA272	1. 正极继电器控制相关线路故障 2. 正极继电器失效	1. 如果重新上电车辆恢复正常，则不需要派工 2. 如果重新上电车辆不能恢复正常，则需要派工
23	预充电阻断路	P11D213	预充继电器失效	1. 如果重新上电车辆恢复正常，则不需要派工 2. 如果重新上电车辆不能恢复正常，则需要派工
24	MSD/主熔断器断路	POA9513	MSD 开关故障或熔断器断路	1. 如果重新上电车辆恢复正常，则不需要派工 2. 如果重新上电车辆不能恢复正常，则需要派工
25	内部总电压检测电路故障	P11D329	内部总电压检测电路异常	1. 如果重新上电车辆恢复正常，则不需要派工 2. 如果重新上电车辆不能恢复正常，则需要派工
26	外部总电压检测电路故障	P11D429	外部总电压检测电路异常	1. 如果重新上电车辆恢复正常，则不需要派工 2. 如果重新上电车辆不能恢复正常，则需要派工
27	总电流检测电路故障	P11D829	电流传感器故障	1. 如果重新上电车辆恢复正常，则不需要派工 2. 如果重新上电车辆不能恢复正常，则需要派工
28	正极继电器驱动通道故障	P11D574	高压板硬件故障	1. 如果重新上电车辆恢复正常，则不需要派工 2. 如果重新上电车辆不能恢复正常，则需要派工
29	预充继电器驱动通道故障	P11D674	高压板硬件故障	1. 如果重新上电车辆恢复正常，则不需要派工 2. 如果重新上电车辆不能恢复正常，则需要派工
30	绝缘检测电路故障	P11D729	高压板硬件故障	1. 如果重新上电车辆恢复正常，则不需要派工 2. 如果重新上电车辆不能恢复正常，则需要派工
31	（高压板）VBU/VCU 节点通信丢失	U025582	总线故障	1. 如果重新上电车辆恢复正常，则不需要派工 2. 如果重新上电车辆不能恢复正常，则需要派工
32	子板 EEPROM读写故障	P1211229	采集电路故障	1. 如果重新上电车辆恢复正常，则不需要派工 2. 如果重新上电车辆不能恢复正常，则需要派工

（续）

序号	故障名称	DCT 码	可能导致故障的原因	售后处理方法
33	子板电压采集电路故障	P121229	采集板电路故障	1. 如果重新上电车辆恢复正常，则不需要派工 2. 如果重新上电车辆不能恢复正常，则需要派工
34	子板模组电压采集电路故障	P121329	子板采集电路故障，导致底层采集到超范围的无效值	该故障不影响行车和上电，将信息反馈技术中心相应电池系统工程师
35	子板温度采集电路故障	P121429	子板采集板电路故障	1. 如果重新上电车辆恢复正常，则不需要派工 2. 如果重新上电车辆不能恢复正常，则需要派工
36	子板主动均衡通道故障	P118111	主动均衡回路通道没有响应控制	该故障不影响行车和上电，将信息反馈技术中心相应电池系统工程师
37	子板被动均衡通道故障	P118111	被动均衡回路通道没有响应控制	该故障不影响行车和上电，将信息反馈技术中心相应电池系统工程师
38	子板 VBU/BNS 节点通信丢失	P121782	总线故障	该故障不影响行车和上电，将信息反馈技术中心相应电池系统工程师
39	铜板松动（接触内阻加大）	P119B94	单体件连接内阻大，导致充放电时单体比实际值偏差大	联系电池厂家的售后服务维护

5.4 动力电池的典型故障检修

5.4.1 北汽电动汽车动力电池的典型故障检修

1. 动力电池断电故障

故障现象：起动车辆时仪表报动力电池故障▨，动力电池高压断开故障▨。

故障检测：

① 首先使用北汽新能源专用诊断仪读取故障码，再进行下一步检查。

② 如果车辆有维修开关（MSD），则检查 MSD 是否松动。根据统计，在带有维修开关的车辆中，MSD 没插到位引起的故障占到 70%，高压线束端接触不良问题占到 20%。

③ 插拔检测动力电池的高压线束，查看是否存在接触不良问题。

④ 检查前机舱电器盒内动力电池低压供电熔断器是否熔断，如图 5-28 所示。若熔断器良好，则用万用表检查动力电池的 BMS 电源电路，检测电源线是否有短路、断路现象。

⑤ 如果上述电源线束正常，但 BMS 电源电路无 12V 电压，则更换前机舱电器盒总成，如果线束有短路或断路现象，更换动力电池低压控制线束。

⑥ 检查动力电池的 BMS 唤醒信号电路和 CAN 线通路，检查各信号线的通断及接地线是否与车身导通，如线束断路或接触不良则需更换动力电池低压控制线束。

⑦ 如上述线路均无故障，则更换整车控制器 VCU，试车查看故障是否排除。

⑧ 如更换线束及 VCU 后故障依然存在，则需要将动力电池拆下开箱检查，开箱检查需联系动力电池厂家售后工程师。

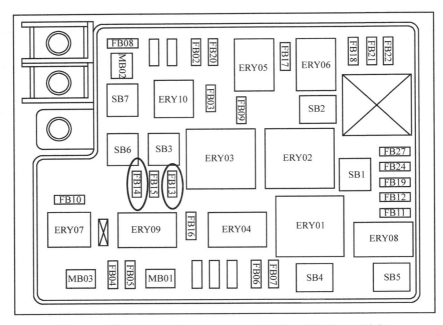

图 5-28　检查前舱电器盒内动力电池低压供电熔断器是否熔断

2. 仪表报动力电池绝缘故障

故障现象：当电池自身或是电池外电路高压回路上存在绝缘故障，将导致高压断开，仪表上显示"▧"动力电池绝缘故障的信息。

故障检测：因为整车所有高压部分绝缘都由动力电池管理系统（BMS）检测，整车没有高压绝缘检测功能，所以出现绝缘故障，需首先断开动力电池与其他部件的连接，然后用绝缘表检测动力电池绝缘电阻。如果动力电池绝缘阻值达不到规定值（500MΩ），则开箱进行动力电池维修；如果动力电池绝缘没有问题，就依次测量其他高压用电部件的绝缘值。

动力电池绝缘故障诊断流程如图 5-29 所示。

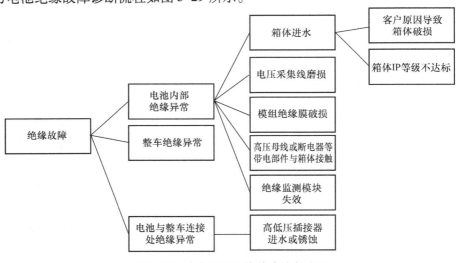

图 5-29　动力电池绝缘故障诊断流程

（1）动力电池绝缘检测

动力电池绝缘检测方法如图 5-30 所示，检测电池总正、总负插头对地绝缘阻值，以及电池输出高压线缆的阻值，均应大于 500MΩ，表明电池绝缘正常。

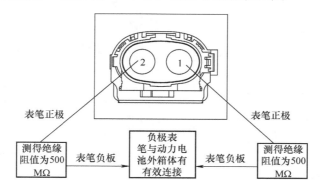

图 5-30　动力电池绝缘检测方法

注意：如果检查发现电池绝缘阻值异常且高低压插接器有进水痕迹，需要拆箱更换插针或插接器，并进行打胶密封处理；如果电池外部无明显进水痕迹，则拆箱检查电池内部有无进水部位，对高压部件或模组分别进行绝缘检测，排查具体进水位置；如果加热片或模组进水，需要拆解后进行晾干；重新组装电池，测量绝缘无异常后装车。

（2）电机控制器电缆与高压控制盒绝缘检测

电机控制器电缆与高压控制盒连接 4 芯电缆绝缘检测方法如图 5-31 所示。

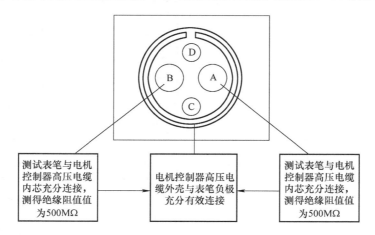

图 5-31　电机控制器电缆与高压控制盒连接 4 芯电缆绝缘检测方法

（3）驱动电机高压电缆绝缘检测

驱动电机 U、V、W 高压电缆绝缘阻值测量方法如图 5-32 所示。车辆在充电或行驶中动力电池报绝缘故障，在检测其他高压系统绝缘阻值正常情况下需检查驱动电机高压线缆绝缘阻值是否正常，如果确定驱动电机绝缘阻值过低应进行电机的维修。

检测空调、PTC、快充、慢充等其他高压部件及线束的绝缘情况，方法与上面类似，这里就不一一举例了。

注意：在检测以上绝缘阻值都合格后，但仍偶尔报绝缘故障情况下，应用上位机进行检查或开箱进行动力电池内部高压主板检测。

3. 电池温度异常故障

电池温度异常故障表现为车辆仪表点亮黄色的电池故障报警信号灯。如果车辆在行驶过程中，可能会出现限速情况，用上位机或监控平台查看报温升过快、温度过高、温度过低及温度不均衡等故障。

故障检修：针对该故障，首先要分析数据是否为电池的真实温度。如果电池整体温度偏高或偏低，则可能是为真实温度情况；如果不是电池真实温度，则可能是温度感应探头损坏。

电池温度异常故障诊断流程如图 5-33 所示。

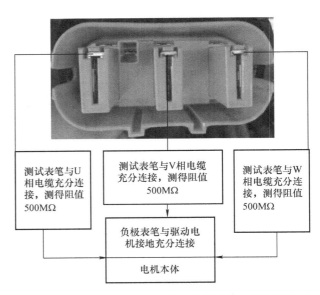

图 5-32 驱动电机 U、V、W 高压电缆绝缘阻值测量方法

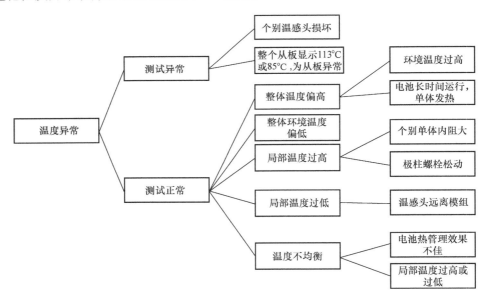

图 5-33 电池温度异常的故障诊断流程

① 依据上位机或远程监控平台查看电池数据，如果温度显示 113℃ 或 85℃，则判定温感头或从板损坏。如图 5-34 所示，显示第 4 号温度 113℃，可判定温感头损坏。

② 如果局部温度过高或温度不均衡，需要拆箱检查温度过高原因。检查确认是否有螺栓松动或单体内阻大等异常情况。

Time	temperB1	temperB2	temperB3	temperB4	temperE	temperE
9:20:34	0	0	0	0	0	0
9:20:35	0	0	0	0	0	0
9:20:35	22	23	22	113	22	22
9:20:35	22	23	22	113	22	22
9:20:35	22	23	22	113	22	22
9:20:36	22	23	22	113	22	22
9:20:36	22	23	22	113	22	22
9:20:36	22	23	22	113	22	22
9:20:36	22	23	22	113	22	22
9:20:37	22	23	22	113	22	22
9:20:37	22	23	22	113	22	22
9:20:37	22	23	22	113	22	22
9:20:37	22	23	22	113	22	22
9:20:38	22	23	22	113	22	22
9:20:38	22	23	22	113	22	22
9:20:38	22	23	22	113	22	22
9:20:38	22	23	22	113	22	22

图 5-34　电池温度异常故障的数据

③ 如果检查整体温度偏高或偏低，则可能是环境温度影响或电池热管理系统效果不佳。

4. 电池电压不均衡故障

故障现象：车辆低电量行驶过程中，出现电池报警，可能出现电压跳变情况，甚至出现限速或仪表电量突然变为 10% 左右，充电时可能出现无法充电的现象。用上位机或远程监控平台查看报电压不均衡故障。

故障检测：电池系统经过一段时间的运行，因环境变化及电池单体本身的差异性，放电末端压差会有增大的趋势，压差一般大于 500mV 时，会点亮电池故障报警指示灯。出现该故障，首先应判断电池单体本身实际电压与监控数据显示电压是否一致，如果一致，此现象应该是电池单体本身的压差大导致的，需要拆箱做电池的均衡维护；如果不一致，则需要拆箱检查电压采集情况是否正常。电池电压不均衡故障诊断流程如图 5-35 所示。

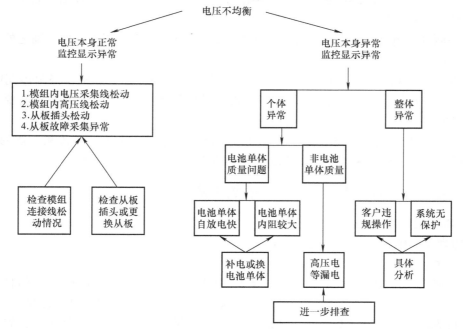

图 5-35　电池电压不均衡故障诊断流程

133

5. BMS 硬件故障

故障现象：仪表显示电池故障警告灯开启，监控平台和上位机查看故障信息报 BMS 硬件故障；车辆在行驶过程中，可能出现限速行驶。

故障检测：

① 了解故障时间和故障时刻的车辆表现，通过监控平台查询电池故障报警情况。

② 数据分析确认，分析判定异常数据位置。如果是 SOC 与继电器控制相关，初步判断可能是主控板异常；如果分析单体电压检测异常或温度异常，判断可能为从控板问题；如果是总电压或绝缘异常，可能为高压板问题。

③ 检查 SOC 与单体电压是否基本一致；使用上位机控制检查继电器吸合是否异常。测试总正、总负、预充继电器和加热继电器闭合是否正常，如果异常，拆箱做进一步检查；拆箱检查继电器控制线束连接是否异常，如果线束异常进行修复或更换；确认控制线束正常后，再次强制闭合继电器，确认继电器吸合是否正常；如果继电器没有问题则判定为主控板问题；更换主控板后装车测试即可。

④ 如果发现连续多节单体出现 0V 或温度显示 113℃或者 85℃，则可能为从控板异常；如果相邻两节单体电压一高一低，拆箱检查是否存在螺栓松动、插头插针退针等异常现象，检查无异常则为从控板问题；用上位机读取电池工程代号或拆箱读取从控板铭牌工程代号，更换同批次的从控板，更换后数据恢复正常则判定为从控板问题。

⑤ 检查总电压检测是否异常，如异常则判定为高压板问题；如果测量电池高压系统无绝缘异常，但电池上报绝缘问题，则判定为高压板问题。

6. 动力电池续驶里程降低

故障现象：动力电池的续驶里程降低。

故障检测：整车是根据动力电池单体温度、电池总容量降低的百分比、电池单体的压差来计算车辆的续驶里程。

① 检测动力电池单体温度范围是否在 5~55℃之间，若单体温度在此范围之外，将大大缩短动力电池的续驶里程。

② 动力电池总容量是根据充电末端的单体充电截止电压来计算的，当单体充电截止电压降低时，动力电池总容量就会变小，整车的续驶里程将会降低，这种情况下需要对动力电池进行维护。

③ 打开北汽新能源监控平台登录账号，选择数据分析，输入需要监测车辆的 VIN 码，选择数据下载，下载车辆数据后，可以查看车辆充电末端时的单体电压。

5.4.2　吉利帝豪电动汽车动力电池的故障检修

1. BMS 通信线路故障

故障现象：仪表显示 BMS 通信故障。

故障检测：

① 连接故障诊断仪，读取故障码，显示"U0AC47D"或"U0AD400"等信息，这些故障码的含义为"CAN 总线故障"或"CAN 报文"BMS_ General，0x230"无效"等。

② 首先需确认系统除 CAN 线故障码外，是否还存在其他故障码，如果有，先排除其他故障码。

③ 检查 BMS 的通信线路，具体操作为：在图 5-36 所示的 BMS 通信电路简图中找到线束插接器 CA49，断开 BMS 线束插接器 CA49，用万用表测量 BMS 线束插接器 CA49 端子 4（图 5-37）和诊断接口 IP15 端子 11（图 5-38）之间的电阻，电阻标准值应小于 1Ω；用万用表测量 BMS 线束插接器 CA49 端子 3 和诊断接口 IP15 端子 3 之间的电阻，电阻标准值也应小于 1Ω；如果上述线路的电阻值大于 1Ω，则需更换整个线束。

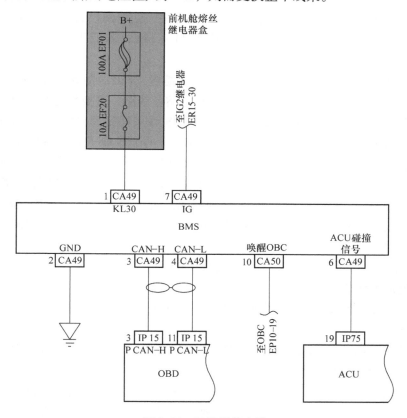

图 5-36　BMS 通信电路

④ 如果上述线路的阻值正常，则需进行 P – CAN 网络完整性检查，具体操作为：关闭起动开关，用万用表测量终端接口 IP15 端子 3 和端子 11 之间的电阻值，其标准电阻为 55～67.5Ω，如测量阻值大于标准阻值，则更换 CAN 总线。

⑤ 如果 P – CAN 网络完整，则拆卸动力电池，更换 BMS。

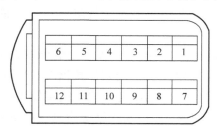

图 5-37　CA49 BMS 线束插接器

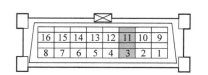

图 5-38　IP15 诊断接口

135

2. BMS 供电电压故障

故障现象：仪表显示动力电池故障，车辆无法起动。

故障检测：

① 连接故障诊断仪，读取故障码，显示"P21F024"或"P21F025"，这些故障码的含义为"BMS 的 12V 供电电源电压过低故障"或"BMS 的 12V 供电电源电压过高故障"。

② 检查蓄电池电压，具体操作为：关闭起动开关，使电源模式至 OFF 状态，用万用表测量蓄电池正负极之间的电压，电压标准值为 11～14V，若低于该标准值，需对蓄电池充电。

③ 若蓄电池电压正常，检查 BMS 熔丝，拔下熔丝 EF20（图 5-36），检查熔丝是否熔断，该熔丝额定容量为 10A，如熔丝熔断，需检修熔丝线路，更换额定容量熔丝。

④ 如熔丝正常，检查 BMS 电源电路。断开 BMS 线束插接器 CA49，起动开关使电源模式至 ON 状态，用万用表测量 BMS 线束插接器 CA49 的 1 号端子和车身可靠接地之间的电压，其电压标准值为 11～14V；用万用表测量 BMS 线束插接器 CA49 的 7 号端子和车身可靠接地之间的电压，其电压标准值为 11～14V。如果电压值不在标准值范围，更换线束。

⑤ 如果电压符合标准，则检查 BMS 接地线路。关闭起动开关，断开 BMS 线束插接器 CA49，用万用表测量 BMS 线束插接器 CA49 的 2 号端子和车身可靠接地之间的电阻，电阻值应小于 1Ω，否则更换线束。

⑥ 如果阻值正常，则拆卸动力电池，更换 BMS。

3. 动力电池绝缘故障

故障现象：仪表显示动力电池绝缘故障，车辆无法起动。

故障检测：

① 连接故障诊断仪，读取故障码，显示"P21F02A"，该故障码的含义为"高压继电器闭合的前提下，绝缘故障（最严重）"。

② 关闭起动开关，使电源模式至 OFF 状态，断开蓄电池负极电缆，拆卸维修开关，断开动力电池高压线束插接器 EP41，用放电仪放电。用万用表检测 EP41 端子 1 与端子 2 之间的电压，其电压值应≤5V。BMS 供电输出及充电电路简图如图 5-39 所示。

③ 检测动力电池供电绝缘阻值，具体操作为：关闭起动开关，使电源模式至 OFF 状态，断开蓄电池负极电缆，拆卸维修开关，拆卸动力电池高压线束插接器 EP41。将高压绝缘检测仪的档位调至 1000V，用高压绝缘检测仪测量动力电池高压线束插接器 EP41（图 5-40）的 1 号端子与车身接地之间的电阻，其阻值应大于或等于 20MΩ；用高压绝缘检测仪测量动力电池高压线束插接器 EP41 的 2 号端子与车身接地之间的电阻，其阻值应大于或等于 20MΩ，否则更换该线束。

④ 检测动力电池充电线路绝缘阻值，具体操作为：关闭起动开关，使电源模式至 OFF 状态，断开蓄电池负极电缆，拆卸维修开关，拆卸动力电池高压线束插接器 EP33。将高压绝缘检测仪的档位调至 1000V，用高压绝缘检测仪测量动力电池高压线束插接器 EP33 的 1 号端子与车身接地之间的电阻，其阻值应大于或等于 20MΩ；用高压绝缘检测仪测量动力电池高压线束插接器 EP33 的 2 号端子与车身接地之间的电阻，其阻值应大于或等于 20MΩ，否则更换该线束。

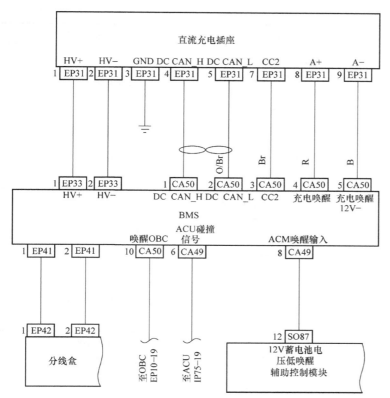

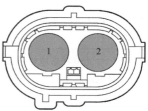

图 5-39　BMS 供电输出及充电电路简图　　　图 5-40　EP41 接动力电池
线束插接器

5.4.3　奇瑞小蚂蚁（eQ1 - EV）动力电池的故障检修

1. 故障码列表

奇瑞动力电池系统故障码见表 5-3。

表 5-3　电池系统故障码

序号	故障码名称	故障码	故障可能原因	故障现象
1	整车放电环路互锁异常	P1B87	1. 放电相关高压插件松动或拔出 2. VCU 故障 3. MSD 故障 4. 电池内部故障 5. 整车线束故障	1. 整车不能 READY 2. 行车过程中断电
2	整车充电环路互锁异常	P1B88	1. 充电相关高压插件松动或拔出 2. 充电电缆控制盒故障 3. 整车线束故障 4. 电池内部故障	充电不能进行或异常

（续）

序号	故障码名称	故障码	故障可能原因	故障现象
3	电池风扇 1 异常	P0A81	1. 风扇内部故障 2. 风扇断电故障 3. 整车线束问题 4. 电池内部故障	电池维护灯点亮
4	BMS 供电电源高	P0A8E	1. 车载低压电池电压低 2. 整车线束故障 3. 电池内部故障	充电时风扇不转
5	BMS 供电电源低	P0A8D	1. 车载低压电池电压高 2. 整车线束故障 3. 电池内部故障 4. DC – DC 异常	充电不能进行或中止
6	高压熔丝故障	P0A95	充/放电电流过大	不能行车（高压放电熔丝）；仪表上电压 < 10V；不能充电（慢充熔丝）
7	非充电状态电池单体低温故障	P1B8A	外部环境温度过低	车辆不能 READY 车辆不能充电
8	非充电状态电池单体高温故障	P1B8B	1. 外部环境温度过高 2. 大电流引起电池过热	车辆不能 READY 行车中断
9	正极断电器粘连故障	P0AA1	大电流使断电器粘连	车辆不能 READY
10	负极断电器粘连故障	P0AA4	大电流使断电器粘连	车辆不能 READY
11	电池电压采样回路故障	P1B8E	振动/线未连接	电池维护灯亮
12	电池电压严重过低故障	P1B8F	1. 过放电 2. 电池内部故障	车辆不能 READY 车辆行驶断开
13	电池电压严重过高故障	P1B90	过放电 电池内部故障	1. 故障报警 2. 禁止高压回路继电器闭合

2. 故障维修流程

所有的故障由整车系统级别先行排查，当故障指向动力电池时，必须排查动力电池自身有无故障；如定位为动力电池故障，联系电池供应商进行处理。

eQ1 动力电池系统故障检修一般操作流程如图 5-41 所示。

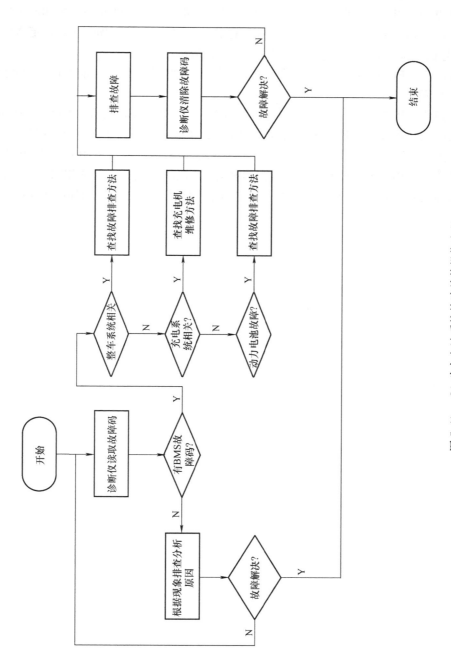

图 5-41　eQ1 动力电池系统故障检修操作流程

注意：在排查故障时，如需更换 BMS，应在更换完动力电池后对车辆充至满电，以保证初始 SOC 的准确性。

3. 整车系统相关故障

① 故障码：P1B87（整车放电环路互锁异常）。此故障将导致车辆不能 READY，或行车过程中高压断开。由于该信号由整车控制器输出，读取到此故障码时应先确定 VCU 有没有禁止该信号的故障。该故障检测流程图如图 5-42 所示。

② 故障码：P1B88（整车充电环路互锁异常），此故障将导致不能充电，其检测流程图如图 5-43 所示。

③ 故障码：P0A8D（BMS 供电电源电压高），该故障检测流程图如图 5-44 所示。

④ 故障码：P0A8E（BMS 供电电源电压低），该故障检测流程图如图 5-45 所示。

⑤ 故障码：P1B07（放电回路严重漏电故障），该故障检测流程图如图 5-46 所示。

⑥ 故障码：P1B08（充电回路严重漏电故障），该故障检测流程图如图 5-47 所示。

⑦ 故障码：U0293（BMS 与 VCU 通信异常），该故障检测流程图如图 5-48 所示。

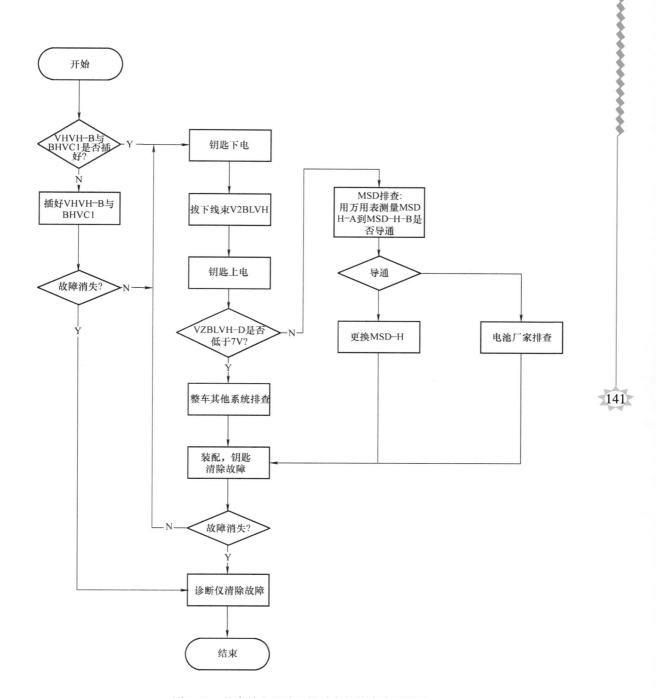

图 5-42　整车放电环路互锁异常的故障检测流程

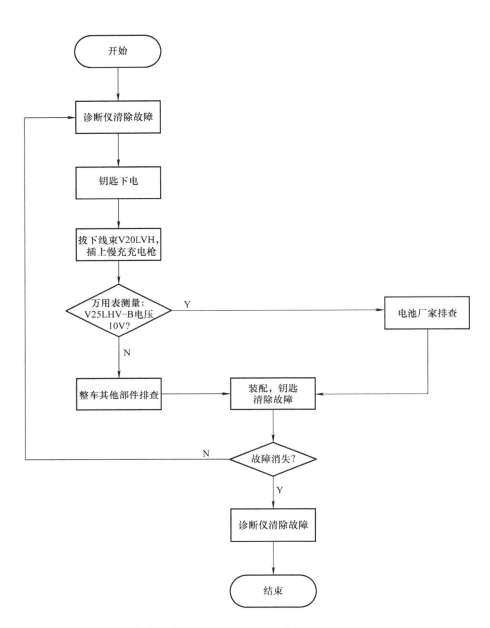

图 5-43　整车充电环路互锁异常的故障检测流程

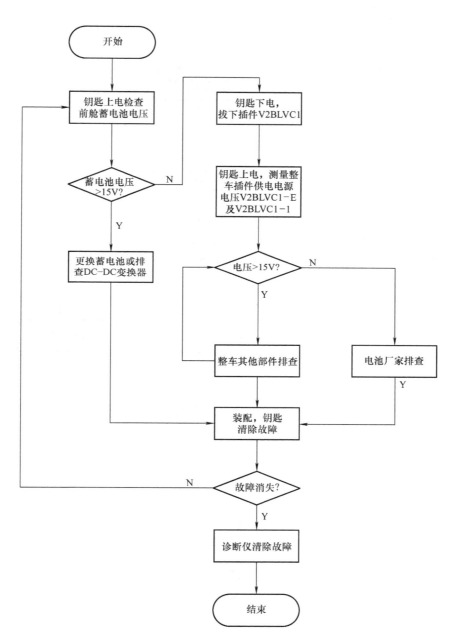

图 5-44　BMS 供电电源电压高的故障检测流程

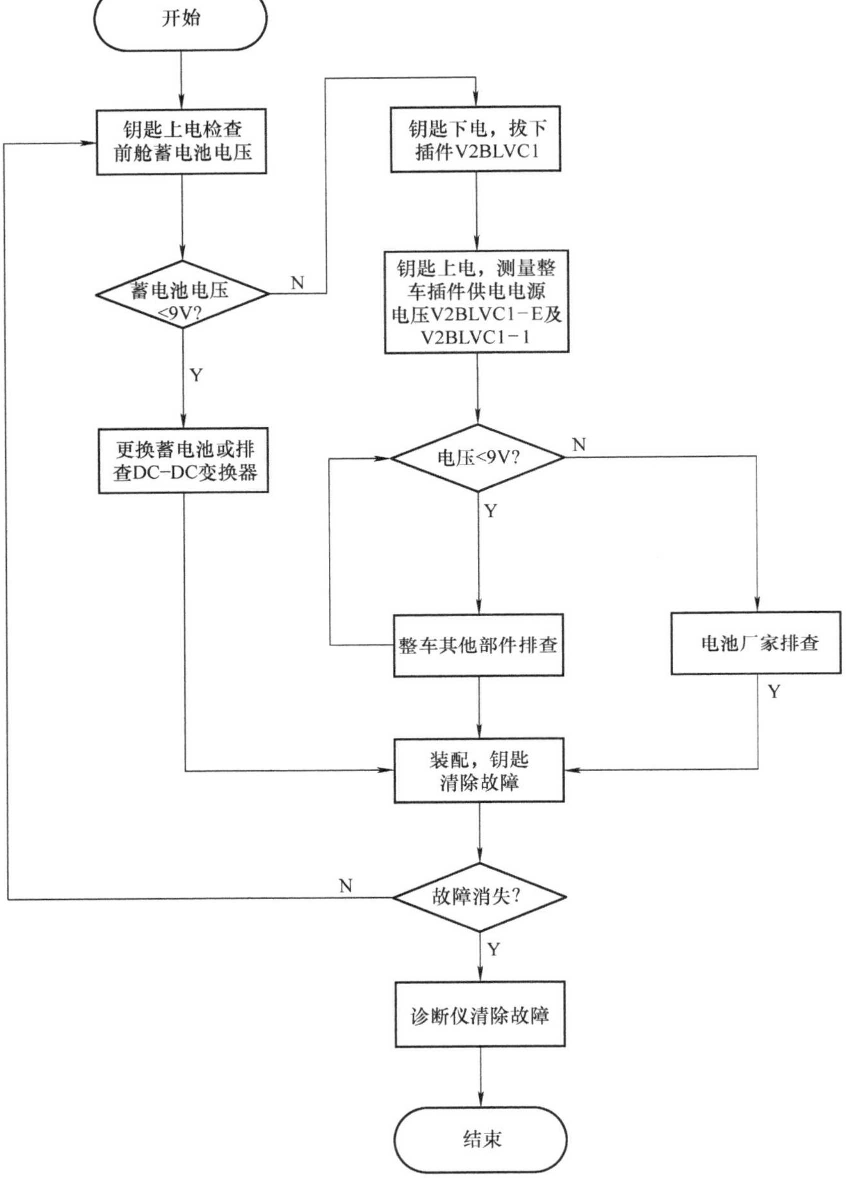

```
                    ┌──────────────┐
                    │     开始      │
                    └──────────────┘
                           │
        ┌──────────────────┤
        │                  ▼                        ▼
        │         ┌─────────────────┐      ┌─────────────────┐
        │         │ 钥匙上电检查     │      │ 钥匙下电，拔下    │
        │         │ 前舱蓄电池电压   │      │ 插件V2BLVC1      │
        │         └─────────────────┘      └─────────────────┘
        │                  │                        │
        │                  ▼                        ▼
        │              ╱╲                  ┌─────────────────┐
        │             ╱蓄电池╲    N         │ 钥匙上电，测量整  │
        │            ╱ 电压   ╲─────┐       │ 车插件供电电源    │
        │            ╲ <9V?  ╱      │       │ 电压V2BLVC1-E及  │
        │             ╲    ╱        │       │ V2BLVC1-1       │
        │              ╲╱          │       └─────────────────┘
        │               │Y          │              │
        │               ▼           │              ▼
        │         ┌─────────────┐   │          ╱╲
        │         │ 更换蓄电池或 │   │         ╱  ╲    N
        │         │ 排查DC-DC    │   │    ┌───╱电压<9V?╲──────┐
        │         │ 变换器      │   │    │   ╲        ╱       │
        │         └─────────────┘   │    │    ╲    ╱         │
        │                           │    │     ╲╱           │
        │                           │    │      │Y           │
        │                           │    ▼      ▼            ▼
        │                           │  ┌───────────┐  ┌─────────────┐
        │                           │  │整车其他部件│  │ 电池厂家排查 │
        │                           │  │排查       │  └─────────────┘
        │                           │  └───────────┘       │Y
        │                           │      │               │
        │                           ▼      ▼               │
        │                      ┌─────────────┐            │
        └──────────────────────│ 装配，钥匙   │────────────┘
                               │ 清除故障     │
                               └─────────────┘
                                     │
                                     ▼
                        N         ╱╲
        ┌─────────────────────────╱    ╲
        │                        ╱故障消失?╲
        │                        ╲        ╱
        │                         ╲    ╱
        │                          ╲╱
        │                           │Y
        │                           ▼
        │                    ┌─────────────┐
        │                    │ 诊断仪清除故障│
        │                    └─────────────┘
        │                           │
        └───────────────────────────┘
                                     ▼
                            ┌──────────────┐
                            │     结束      │
                            └──────────────┘
```

图 5-45　BMS 供电电源电压低的故障检测流程

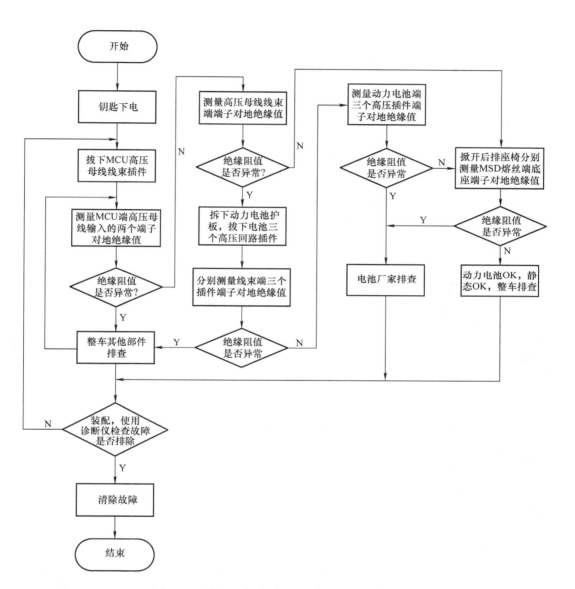

图 5-46　放电回路严重漏电故障的故障检测流程

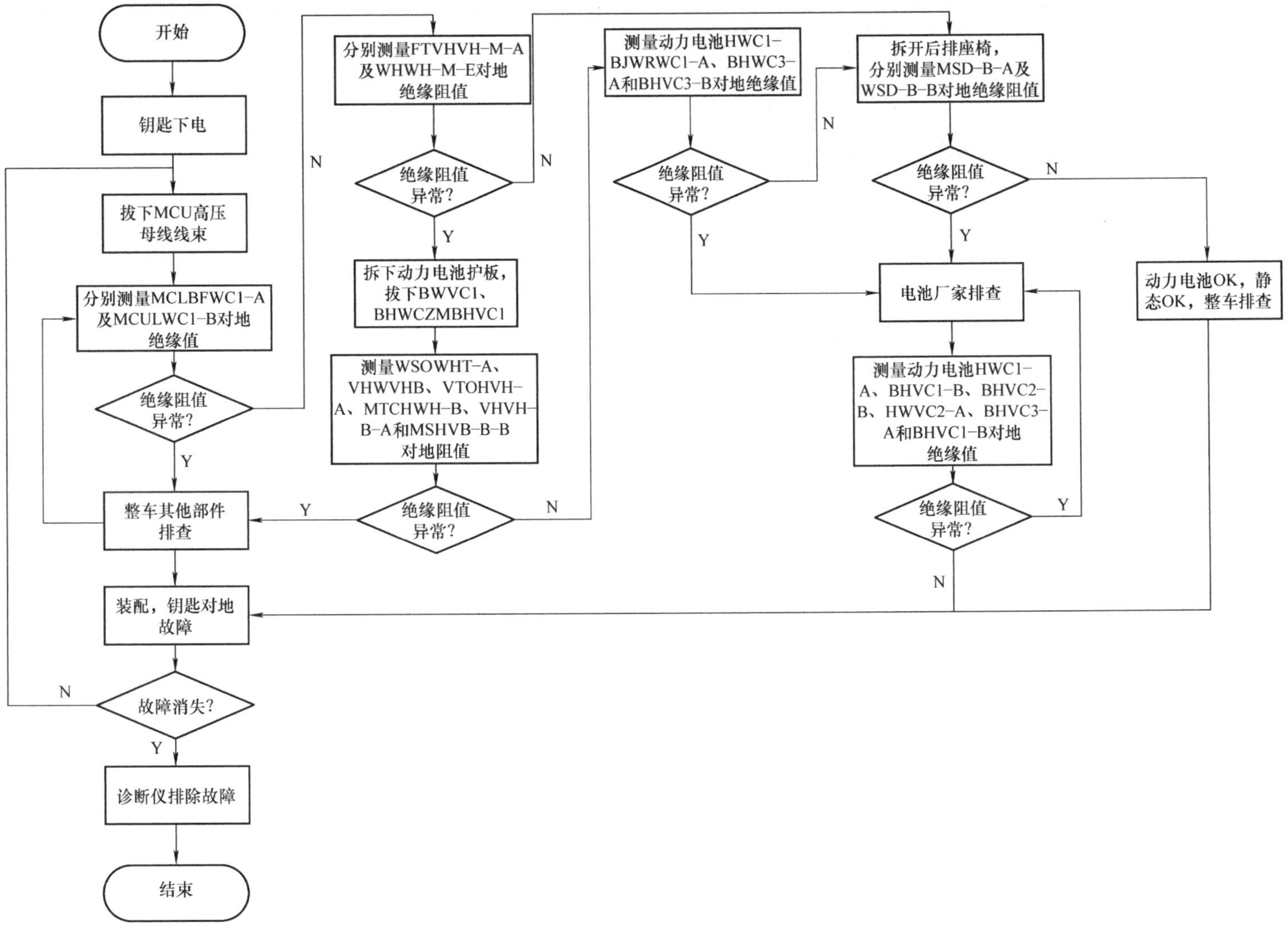

146

图 5-47　充电回路严重漏电故障的故障检测流程

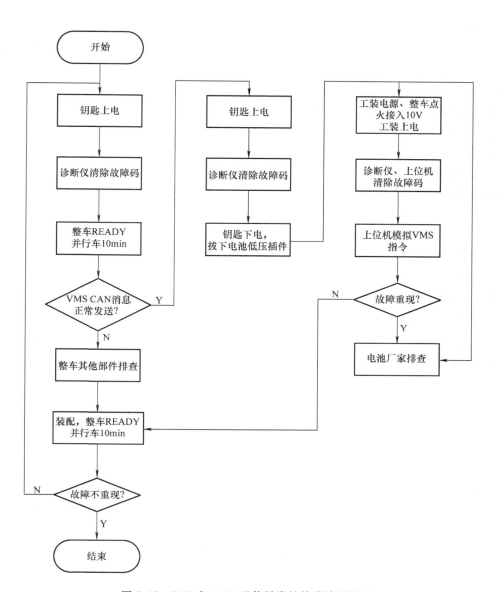

图 5-48 BMS 与 VCU 通信异常的故障检测流程

实训 7 动力电池故障检修

1. 实操目标

（1）掌握动力电池的保养作业项目与操作方法。

（2）掌握新能源汽车维修设备的使用方法。

（3）掌握动力电池系统七大常见故障的检修方法。

2. 操作时间

30 分钟（每个故障）

3. 实操所需材料与工具

VCI 电动汽车专用诊断盒、数字万用表（电动汽车专用）、安全绝缘用具、高压安全放电工装、动力电池举升平台、双柱龙门举升器、EV160 或 EV200 整车电路图及维修手册、EV160 或 EV200 实训整车、充电模式 2 和充电模式 3 教学实训台、快充桩。

4. 注意事项

请务必按照老师的指导，合理使用绝缘安全护具，并严格按老师示范动作操作，做到安全、正确，并防止造成实操总成及车辆的损坏。

5. 实操步骤

（1）动力电池电压类故障检修。

（2）动力电池温度类故障检修。

（3）动力电池充电类故障检修。

（4）动力电池绝缘类故障检修。

（5）动力电池通信类故障检修。

（6）动力电池 SOC 异常故障检修。

（7）动力电池电流异常故障检修。

作业记录表

序号	故障类型	诊断流程
1	电压类故障	
2	温度类故障	
3	充电类故障	
4	绝缘类故障	
5	通信类故障	
6	SOC 异常故障	
7	电流异常故障	

本 章 小 结

1. 介绍了动力电池系统的拆装方法及流程。
2. 介绍了动力电池的日常保养、维护内容及要求。
3. 介绍了动力电池的故障类型及处理方法。
4. 重点讲解了几种常见车型动力电池的典型故障检测方法及流程。

复习思考题

1. 动力电池的日常保养及维护项目有哪些？
2. 动力电池的故障类型有哪些，电池温度类故障应如何处理？
3. 北汽 EV160 电动汽车报动力电池断电故障应如何检测？
4. 吉利帝豪电动汽车 BMS 发生通信故障应如何排除？

第 **6** 章

▶ ▶ ▶ ▶ ▶

动力电池测试设备及上位机软件介绍

学习目标:

- 了解动力电池性能检测的仪器设备。
- 了解动力电池上位机软件（电池数据诊断软件）的使用方法。

随着新能源汽车的发展，对动力电池的性能要求越来越高，动力电池的能量密度也越来越大。为保证出厂的动力电池具有必备的性能指标和安全性，汽车行业管理部门对动力电池、动力电池组甚至动力电池系统的测试制定了详细的测试规程和检验标准。

6.1 动力电池的基本测试内容

动力电池的测试分为电池单体的性能测试和电池组的测试，电池单体的测试内容包括充电性能测试、放电性能测试、放电容量及倍率性能测试、高低温性能测试、能量和比能量测试、功率和比功率测试、存储性能及自放电测试、寿命测试、内阻测试、内压测试和安全性测试等。

从车辆的实用角度出发，电池组的测试内容包括静态容量检测、峰值功率检测、动态容量检测、部分放电检测、静置试验、持续爬坡功率测试、热性能、起动功率测试、电池振动测试、充电优化和快速充电能力测试、循环寿命测试以及安全性测试等。

6.1.1 动力电池的通用测试项目

1. 静态容量测试

静态容量测试的主要目的是确定车辆在实际使用时，动力电池具有充足的电量和能量，能在各种预定放电倍率和温度下正常工作。主要的试验方法为恒温条件下恒流放电测试，放电终止以动力电池电压降低到设定值或动力电池内的单体一致性（电压差）达到设定的数值为准。

2. 动态容量测试

电动汽车在行驶过程中，动力电池的使用温度、放电倍率都是动态变化的，该测试主要检测动力电池在动态放电条件下的能力，其主要表现为不同温度和不同放电倍率下的能量和容量。其主要测试方法为采用设定的变电流工况或实际采集的车辆应用电流变化曲线，进行动力电池的放电性能测试，试验终止条件根据试验工况以及动力电池的特性有所调整，基本也是遵循电压降低到一定的数值为标准。该方法可以更加直接和准确地反映电动汽车的实际应用需求。

3. 静置实验

该测试目的是检测动力电池在一段时间未使用时的容量损失，用来模拟电动汽车一段时间没有行驶而电池开路静置时的情况。静置试验也称自放电及存储性能测试，它是指在开路状态下，电池存储的电量在一定环境条件下的保持能力。

4. 起动功率测试

由于汽车起动功率较大，为适应不同温度条件下的汽车起动需要，对动力电池进行低温（-18℃）起动功率和高温（50℃）起动功率测试。该项测试除了在设定温度下进行以外，为了能够确定电池在不同荷电状态的放电能力，一般还设定 SOC 值。常见的测试是 SOC 为 90%、50% 和 20% 时进行功率测试。

5. 快速充电能力

快速充电能力测试的目的是通过对动力电池进行高倍率充电来检测电池的快速充电能力，并考察其效率、发热及对其他性能的影响。对于快速充电，电动车蓄电池联合会（US-ABC）的目标是 15min 内电池 SOC 从 40% 恢复到 80%。目前日本的电动汽车快速充电器协会（CHADeMO）制定标准要求达到电动汽车动力电池充电 10min 左右可保证车辆行驶 50km，充电时间超过 30min 可保证车辆行驶 100km。

6. 循环寿命测试

电池的循环寿命直接影响电池的使用经济性。当电池的实际容量低于初始容量或是额定容量的 80% 时，即视为动力电池寿命终止。电池循环寿命测试采用的主要测试方法是在一定的条件下进行充放电循环，以循环的次数作为其寿命的指标。动力电池的寿命测试周期比较长，一般实验下来需要数月甚至一年的时间，因此在实际操作中，经常采用确定测试循环数量，测定容量衰减情况，并根据此数据进行线性外推的方法进行测试。在研究领域，为了缩短动力电池的寿命测试时间，也在研究通过增加测试的温度、充放电倍率等加速电池老化的方法进行动力电池及动力电池组寿命测试。

7. 安全性测试

电池的安全性能是指电池在使用及搁置期间对人和装备可能造成伤害的评估，尤其是电池在滥用时，由于特定的能量输入，导致电池内部组成物质发生物理或化学反应而产生大量的热量，如热量不能及时散逸，可能导致电池热失控。热失控会使电池发生毁坏，如猛烈的泄气、破裂，并伴随起火，造成安全事故。在众多化学电源中，锂离子电池的安全性尤为重要。动力电池安全测试项目见表 6-1。

表 6-1　通用的动力电池安全测试项目

类别	主要测试项目
电性能测试	过充电、过放电、外部短路、强制放电等
机械测试	自落体、冲击、针刺、振动、挤压等
热测试	焚烧、热成像、热冲击、油浴、微波加热等
环境测试	高空模拟、浸泡、耐菌性等

8. 电池振动测试

该测试的目的是检测由于道路引起的频繁振动和撞击对动力电池及动力电池组性能和寿命的影响。电池振动测试主要考察动力电池对振动的耐久性，并以此作为指导改正动力电池在结构设计上不足的依据。振动试验中的振动模式一般使用正弦振动或随机振动两种。由于动力电池主要是装载于车辆上使用，为更好地模拟电池的使用工况，一般采用随机振动。

6.1.2　锂离子动力电池主要测试项目及指标

前面的测试内容和要求仅是对动力电池测试的一些通用要求，根据动力电池的不同类型，测试的具体参数与要求会有所差异。表 6-2 所示是锂离子动力电池的主要测试项目及指标。

表 6-2　电动汽车锂离子动力电池主要测试项目及指标

项目		检测方法	指标要求
外观		检查标志、外观	
常温放电性能		20℃ ±5℃，终止电压 3.0V，$1I_3$（A）放电	>110%
高温性能		55℃ ±2℃恒温 5h，$1I_3$（A）放电	>95%
低温性能		−20℃ ±2℃恒温 20h，$1I_3$（A）放电，终止电压 2.8V	>70%
荷电保持能力		20℃ ±5℃搁置 28 天，$1I_3$（A）放电，终止电压 3.0V	>80%
环境适应性	恒定湿热性能	40℃ ±2℃，湿度 90% ~95%，搁置 48h，20℃ ±5℃搁置 2h，$1I_3$（A）放电，终止电压 3.0V	无明显变形、锈蚀、冒烟式爆炸
	振动	三维方向从 10 ~55Hz 循环扫频振动 30min，扫频速率 1cot/min 振动频率：10 ~30Hz，位移幅值（单振福）：0.38mm 振动频率：30 ~55Hz，位移幅值（单振福）：0.19mm	不出现放电电流锐变、电压异常等
	碰撞	三维方向固定，脉冲峰值加速度：100m/s；每分钟碰撞次数：40 ~80；脉冲持续时间：16ms；碰撞次数：1000 ± 10 次	无明显变形、锈蚀、冒烟式爆炸
	自由跌落	最低点高度：1000mm；厚度 18 ~20mm 硬木板置于水泥地面；三维六个方向各个自由跌落 1 次；$1I_3$（A）放电，终止电压 3.0V；可充电循环次数不多于三次	不漏液、不冒烟、不爆炸
安全保护性能	过充电保护性能	恒流：$3I_3$（A）外接电流，充电至蓄电池电压达到 5V 或充电时间达到 90min	不漏液、不冒烟、不爆炸或起火
	过放电保护性能	20℃ ±5℃，$1I_3$（A）充电，终止电压 0V	不漏液、不冒烟、不爆炸或起火
	短路保护性能	外部短路 10min，外部电路电阻应小于 5mΩ	不漏液、不冒烟、不爆炸或起火
电池安全性能	重物冲击	10kg 重锤自 1m 高度自由落下，冲击电池	不爆炸、不起火
	热冲击	（5℃ ±2℃）/min 的速率升温至 130℃ ±2℃，保温 30min	不爆炸、不起火
循环寿命		充电：20℃ ±5℃下以 $1I_3$（A）放电至电压达 4.2V，转恒压充电，至电流小于 0.1I_3（A） 放电：在 20℃ ±2℃下以 1.5I_3（A）放电，直到放电容量达到额定容量 80%	>500 次

151

（续）

项目	检测方法	指标要求
储存	样品电池生产日期至试验日期，在 3 个月内 20℃ ±5℃，0.2I（A）充电至 40%～50% 容量搁置 12 个月，20℃ ±5℃，相对湿度 45%～85%，0.2I（A）充电至限压，转恒压充电至电流 <0.01I（A），20℃ ±5℃，0.2I（A）放电，终止电压 2.75V/节	>4h

6.2 动力电池的典型测试设备

动力电池的测试设备主要包括电池充放电性能试验台（充放电设备、温度测量设备、内阻检测设备）、环境模拟试验系统（温度、湿度、振动、温度冲击）、电池安全性检验设备（挤压试验机、针刺试验机、冲击试验机、跌落试验机）。

6.2.1 电池充放电性能试验台

1. 充放电检测设备

电池充放电性能检测是最基本的性能检测，一般由充放电单元和控制程序单元组成，可以通过计算机远程控制动力电池恒压、恒流或设定功率曲线进行充放电。通过电压、电流、温度传感器可进行相应的参数测量以及实现动力电池容量、能量、电池一致性等评价参数。

一般试验设备按照功率和电压等级分类，以适应不同电压等级和功率等级的动力电池及电池组性能测试需要。例如，通用的电池单体测试设备，一般选择工作电压范围 0～5V，工作电流范围 0～100A，可满足多数车辆用动力电池基本性能测试的基本要求。对于大功率电池组的基本性能测试，电压范围需要根据电池组的电压范围进行选择，常用的通用测试设备要求在电压范围为 0～500V，功率上限在 150～200kW。

2. 内阻检测设备

电池内阻作为二次测量参数，测试方法包括直流放电法、交流电桥法、交流阻抗法、短路电流法和脉冲电流法等。直流放电法比较简单，并且在工程实践中比较常用，该方法是对电流进行瞬间大电流（一般为几十安培到上百安培）放电，测量电池上的瞬间电压降，通过欧姆定律计算出电池的内阻。交流法通过对电池注入一个低频交流电流信号，测出电池两端的低频电压和流过的低频电流以及两者的相位差，从而计算出电池的内阻。现在设备厂家研制生产的电池内阻测试设备多是采用交流法为基础进行的测试。图 6-1 和表 6-3 所示是典型的内阻测试仪及其参数。

3. 温度测量设备

电池在充放电过程中的温度升高是重要的参数之一，但一般的测试只能测量电池壳体的典型位置参数，一般在充放电的设备上带有相应的温度采集系统，具有进行充放电过程温度数据同步的功能。除此之外，专业的温度测试设备还包括非接触式测温仪以及热成像仪。热成像仪可以采集电池一个或多个表面温度的变化历程，并可以提取典型的测量点的温度变化数据，是进行电池温度场分析的专业测量设备。非接触式测温仪和热成像仪分别如图 6-2 和

图 6-3 所示。

图 6-1 内阻测试仪

表 6-3 内阻测试仪参数

参数名称	内阻	电池电压
测量范围	$0 \sim 999.99\,\text{m}\Omega$	$0 \sim 9.99\text{V}$
最小测量分辨率	$0.001\,\text{m}\Omega$	0.01V
测量精度	$\pm 1.5\% \pm 5\text{DGT}$	$\pm 1.0\% \pm 5\text{DGT}$

图 6-2 非接触式测温仪

图 6-3 热成像仪

6.2.2 环境模拟试验系统

动力电池常用的应用环境有温度、湿度以及在车辆上应用时随道路情况变化而出现的振动环境，因此环境试验方面主要考虑这三个方面对电池的影响，可采用独立的温度试验箱、湿度调节试验箱、振动试验台来进行单一因素影响的动力电池环境模拟试验。但在实际动力电池应用工况下，这三种因素对环境的影响不是单一的，而是三种的耦合，因此，在环境模拟方面有温、湿度综合试验箱以及温度、湿度和振动综合试验台。为考核电池对温度变化的适应性，还需要设计温度冲击试验台，进行快速变温情况下电池的适应性试验。图6-4、图6-5所示为电池综合试验台及温度冲击试验箱。

图6-4　电池综合试验台　　　　　　　　　　图6-5　温度冲击试验箱

6.2.3　电池滥用试验设备

电池滥用试验设备是模拟电池在车辆碰撞、正负极短路、限压限流等失效条件下，是否会出现着火、爆炸等危险状况的试验设备。针刺试验机、冲击试验机、跌落试验机、挤压试验机等可以模拟车辆发生碰撞事故时，电池可能出现的损伤形式；短路试验机、被动燃烧试验平台等可以模拟电池被极端滥用情况下可能出现的损伤形式；采用充放电试验平台可以进行电池过充或过放等滥用测试。图6-6所示为电池滥用试验的各种设备。

a) 电池短路试验机　　　　　　　　　　　　b) 电池冲击试验机

图6-6　电池滥用试验设备

c) 电池被动燃烧试验平台

图 6-6　电池滥用试验设备（续）

6.3　动力电池上位机软件的使用

动力电池的电池管理系统一般由电池厂家开发，整车厂家的故障诊断仪一般不能对动力电池的详细运行数据进行读取，因此要想准确判断动力电池的 BMS 故障和读取电池工作时各电池单体或模组的运行状况，需要使用电池厂家提供的上位机软件。下面以普莱德电池厂家的上位机软件为例，讲解它们的使用流程及 BMS 报文的读取。

6.3.1　EV03 监控软件的使用流程

EV03 电池上位机软件的使用流程如下：

① 选用装有 BMS 通信软件的计算机与数据下载设备 CAN 盒，如图 6-7 所示。

② 打开车辆转向盘下方扣盖，如图 6-8 所示。

图 6-7　普莱德专用数据采集 CAN 盒

图 6-8　转向盘下方扣盖

③ 将 CAN 盒 H 与 L 两根线束接入整车 CAN3 通信端 H 口与 L 口，如图 6-9、图 6-10 所示。

④ 将 CAN 盒连接至计算机。

⑤ 打开 BMS 通信监控软件。

⑥ 选择与 CAN 卡对应的 CAN 通道，如图 6-11 所示。

⑦ 确定波特率数值为 "500kbit/s"。

⑧ 打开钥匙开关至 ON 档位通电，激活 BMS 主板。

⑨ 单击软件界面中"启动 CAN 连接按钮"开始数据监控，如图 6-12、图 6-13 所示。如未成功显示信息，排除通信线束故障外，需重新检查数值调整与针孔连接方面操作是否正确。

注意：软件中可查看电池所有数据信息，包括单体电压、温度，故障详情、版本信息等。

图 6-9　确认整车通信口位置

图 6-10　第二排 CAN3 口

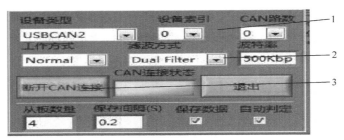

图 6-11　软件设置界面

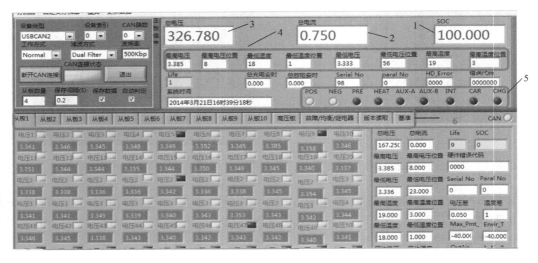

图 6-12　软件正常启动运行界面

1—电池 SOC 显示窗口　2—电池电流数值显示窗口　3—电压数值显示窗口

4—单体信息显示窗口，包括单体电压、模组温度　5—电池继电器状态提示灯，吸合状态时点亮，断开状态时熄灭

6—数据信息显示卡（包括单体信息、高压板状态显示、故障报警详情、BMS 和 BMU 软件版本、参数设置）

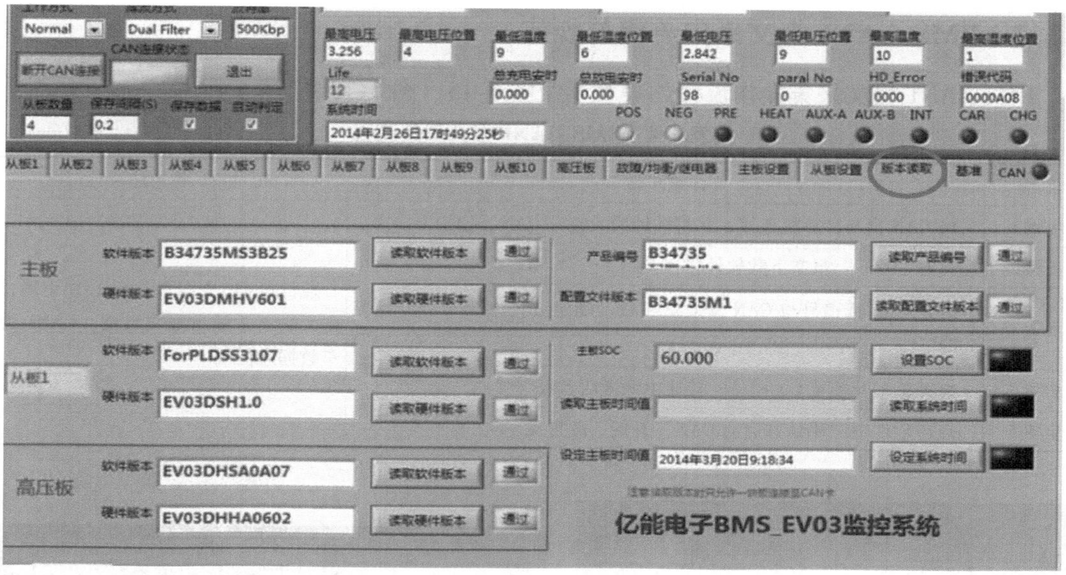

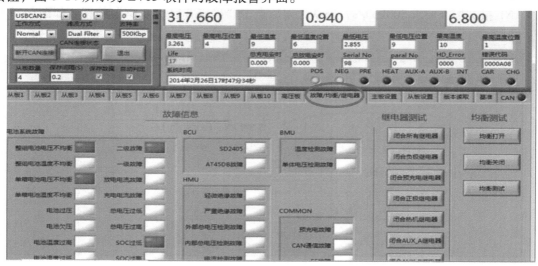

图 6-13　EV03 软件的监控界面

版本读取信息栏中，包括 BMS 中所有硬件的程序版本信息、管理系统时间修正与电池 SOC 数值修正功能，包含电池 SOC 显示窗口、电池电流数值显示窗口、电池总电压数值显示窗口、单体信息显示窗口（包括单体电压、模组温度）、电池继电器状态提示灯（吸合状态时点亮，断开状态时熄灭）等。

数据信息显示卡上还包括每节单体信息、高压板状态显示、故障报警详情、BMS 和 BMU 软件版本参数设置。

此外，故障信息栏中包括电池所有故障类型的报警显示与继电器测试所需要的人工闭合按钮，图 6-14 所示为 EV03 软件的故障报警界面。

图 6-14　EV03 软件的故障报警界面

157

6.3.2 BMS CAN1 报文采集流程与规范

BMS CAN1 报文采集操作流程如表6-4及图6-15、图6-16所示。

表 6-4 BMS CAN1 报文采集流程

流程	详细步骤	备　注
步骤 1	将 CAN 盒与计算机连接，并将插针插入整车 CAN1 通信口	通信口 H、L 位置插针必须正确，否则无法正常显示报文数据，CAN1 为整车数据通信端
步骤 2	打开"ZLG"报文下载软件	
步骤 3	确定 CAN 通道号与 CAN 盒通道一致，确定波特率为 CAN1 标准 500kbit/s	
步骤 4	打开整车开关至 ON 档位，接通电源激活 BMS	
步骤 5	点击软件中"确认并启动 CAN"开始下载报文	

图 6-15　CAN1 通信口为第一排

图 6-16　将插针插入 CAN1 通信口"H"与"L"位置

打开"ZLG"软件后，首先确定通道号是否与 CAN 盒通道一致，其次确定波特率是否为 CAN1 报文标准要求 500kbit/s，确认无误后点击"确定并启动 CAN"按钮，如图6-17所示。

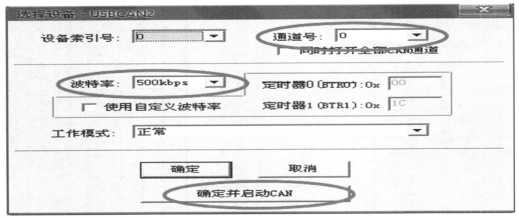

图 6-17　确认通道号、波特率是否正确并启动 CAN

启动后正常情况下会显示 CAN1 报文数据, 如图 6-18 所示。若未正常显示报文, 需重新检查连接与数值设定方面是否正确。

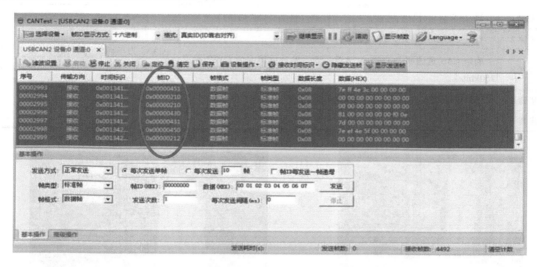

图 6-18 报文正常显示界面

数据采集完成后, 单击"暂停"按钮, 再单击"保存"按钮, 将数据保存至计算机中, 如图 6-19 所示。

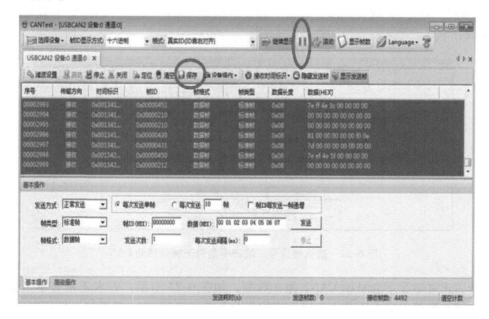

图 6-19 保存相关数据

6.3.3 BMS CAN2 报文采集流程与规范

BMS CAN2 报文采集操作流程如表 6-5 及图 6-20、图 6-21 所示。

表 6-5　BMS CAN2 报文采集流程

流程	详细步骤	备　注
步骤 1	将 CAN 盒与计算机连接，并将插针插入整车 CAN2 通信口	
步骤 2	打开"ZLG"报文下载软件	CAN2 为车辆快充数据端，报文内容主要为快充数据，只可在快充中进行数据采集，且波特率为 250kbit/s
步骤 3	确定 CAN 通道号与 CAN 盒通道一致，确定波特率为 CAN2 标准 250kbit/s	
步骤 4	将快充枪插入整车快充口，或者在快充过程中进行数据采集	
步骤 5	点击软件中"确认并启动 CAN"开始下载报文	

图 6-20　CAN2 通信口为第三排

图 6-21　将插针插入 CAN2 通信口"H"与"L"位置

打开"ZLG"软件后，确认通道号是否与 CAN 盒通道一致，确认波特率为 CAN2 报文标准要求的 250kbit/s，确认无误后点击"确认并启动 CAN"按钮开始采集下载报文，如图 6-22 所示。

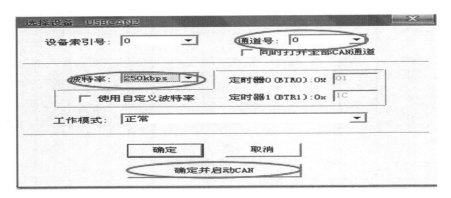

图 6-22　确认通道号、波特率是否正确并启动 CAN

启动后正常情况下会显示 CAN2 报文数据，如图 6-23 所示。若未正常显示报文，需重新检查连接与数值设定方面是否正确，或快充是否正常启动 BMS 是否接通低压电激活。

CAN2 报文数据采集完成后，单击"暂停"按钮，再单击"保存"按钮，将数据保存至计算机中。

6.3.4　BMS CAN3 报文采集流程与规范

BMS CAN3 报文采集操作流程如表 6-6 及图 6-24 所示。

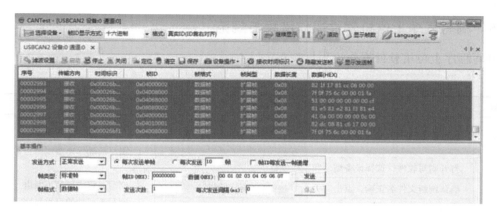

图 6-23 CAN2 报文正常显示界面

表 6-6 BMS CAN3 报文采集流程

流程	详细步骤	备 注
步骤 1	将 CAN 盒与计算机连接,并将插针插入整车 CAN3 通信口	
步骤 2	打开 "ZLG" 报文下载软件	通信口 H、L 位置插针必须正确,否则无法正常显示报文数据。CAN3 为内部数据通信端
步骤 3	确定 CAN 通道号与 CAN 盒通道一致,确定波特率为 CAN3 标准 500kbit/s	
步骤 4	将整车开关打开至 ON 档位	
步骤 5	点击软件中 "确认并启动 CAN" 开始下载报文	

图 6-24 CAN3 通信口为第二排

　　打开 "ZLG" 软件后,确认通道号是否与 CAN 盒通道一致,确认波特率为 CAN3 报文标准要求的 500kbit/s,确认无误后单击 "确定并启动 CAN" 按钮,开始报文采集下载;启动后正常情况下会显示 CAN3 报文数据,若未正常显示报文,需重新检查连接与数值设定方面是否正确;数据采集完成后,单击 "保存" 按钮,将数据保存至计算机中。

6.3.5 刷写程序上位机软件操作流程与规范

刷写程序上位机软件操作流程见表6-7。

表6-7 刷写程序上位机操作流程

流程	详细步骤	备 注
步骤1	将要 EOL 上位机刷写程序放入指定根目录下，并按要求命名	1. 刷写前确保连接线路正常并不容易脱落 2. 刷写过程中保障不断电 3. 刷写不成功的可重复刷写确认
步骤2	打开刷写软件，选择设备型号和工程项目	
步骤3	确认刷新文件名正确，点击"开始"按钮启动刷写程序	
步骤4	刷写成功后，会弹出刷写成功提示框，单击"确定"按钮	
步骤5	重新上下电，使用上位机读取软件版本，完成刷写工作	

注意：①必须要把刷写程序按照②"XXXXXXX.s19"命名，并放在图6-25所示特定的文件夹中。

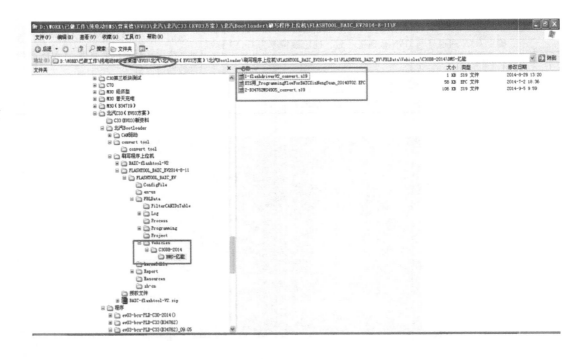

图6-25 放在应用层根目录文件夹

双击图中的刷写上位机，打开刷写上位机文件夹，如图6-26所示。

选择"ZLG"和工程列表中的项，单击"开始"按钮，进行程序刷写，如图6-27、图6-28所示；刷写成功后，会弹出刷写成功提示框，单击"确定"按钮。

图 6-26　打开上位机文件夹

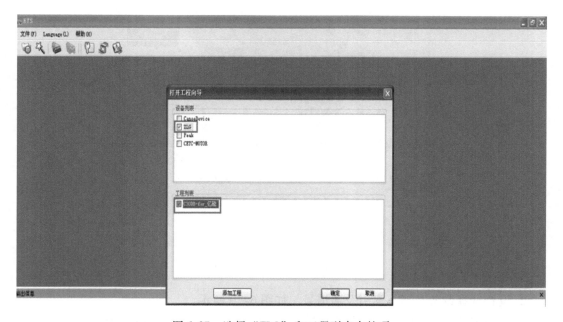

图 6-27　选择"ZLG"和工程列表中的项

6.3.6 EOL 上位机测试平台操作流程与规范

EOL 上位机测试平台操作流程如下：

① 如果是上高压测试，将诊断插头接到整车 CAN1 端口，快充测试连接 CAN2 端口，插好后打开上位机软件，建立 USBCAN 连接。打开上位机软件，如图 6-29 所示。

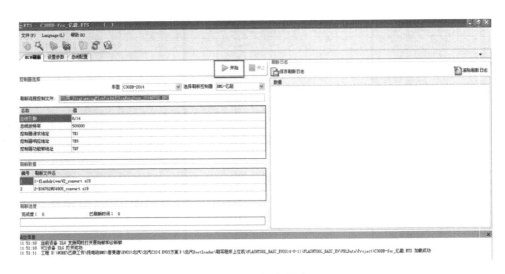

164

图 6-28 自动刷写

图 6-29 打开上位机软件

② 设置选择设备类型、索引及通道号，如图 6-30 所示。

③ 将钥匙转至 ON 档位，单击"初始化 USBCAN"按钮，如图 6-31 所示。

④ 查看电池故障情况，如图 6-32 所示。

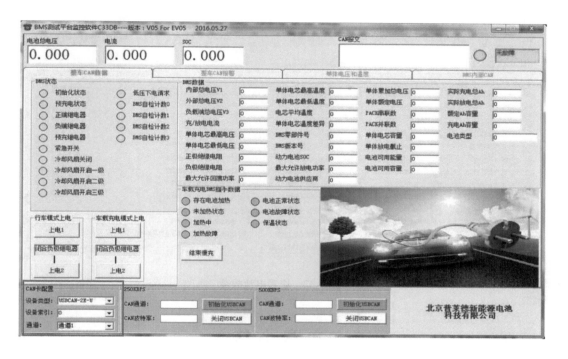

图 6-30　选择设备类型、索引及通道号

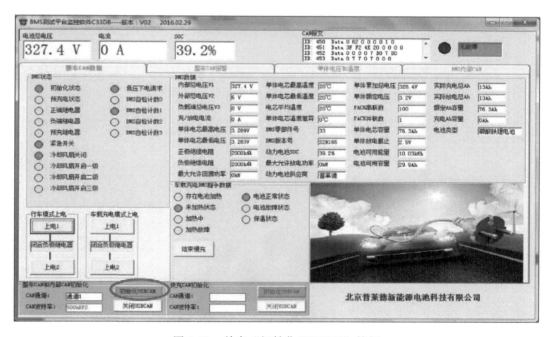

图 6-31　单击"初始化 USBCAN"按钮

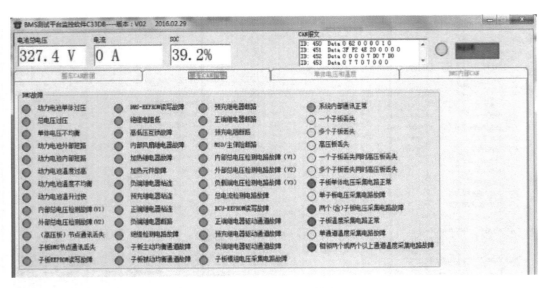

图 6-32　查看电池故障

本 章 小 结

1. 介绍了动力电池的性能测试设备。
2. 介绍了普莱德动力电池上位机检测软件的使用方法及流程。

参 考 文 献

［1］ 王振坡，孙逢春．电动车辆动力电池系统及其应用技术［M］．北京：机械工业出版社，2012．
［2］ 徐艳民．电动汽车动力电池及电源管理［M］．北京：机械工业出版社，2012．
［3］ 银石立方科技（北京）有限公司．新能源汽车概论［M］．北京：人民交通出版社，2016．
［4］ 王丹，续丹，曹秉刚．电动汽车关键技术发展综述［J］．中国工程科学，2015（1）：68 – 72．
［5］ 蔡飞龙，许思传，常国峰．纯电动汽车用锂离子电池热管理综述［J］．电源技术，2012，36（9）：1410 – 1413．

读者沟通卡

一、申请课件

本书附赠教学课件供任课教师采用，可在机械工业出版社教育服务网（www.cmpedu.com）注册后免费下载；也可扫描二维码关注"爱车邦"微信订阅号获取课件。

爱车邦

免费下载 教学课件、学习视频、海量学习资料
➢ 扫描二维码，关注**"爱车邦"**
➢ 点击"粉丝互动"→"视频课件"

二、意见反馈和编写合作

联 系 人：谢元
电 话：010-88379771
电子信箱：22625793@qq.com
地 址：北京市西城区百万庄大街 22 号汽车分社
邮 编：100037